Aviones
Manualidades de
PAPIROFLEXIA

Para jugar y volar

susaeta

Concorde

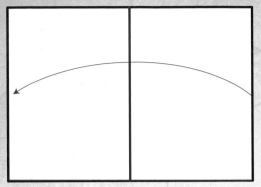

1 Dobla por la mitad y desdobla.

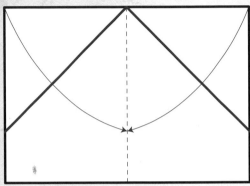

2 Pliega los lados hacia el centro.

Especificaciones
Tipo: caza.
Vuelo: largo.
Tiempo de vuelo: medio.

Necesitas
· Papel de 27 x 21 cm.
· Pinturas de colores.
· Tijeras.
· Celofán.

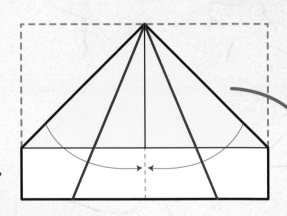

3 Dobla hacia el centro como en el dibujo.

Recuerda: este diseño puedes dibujarlo tú o descargártelo en:
www.editorialsusaeta.com/pf

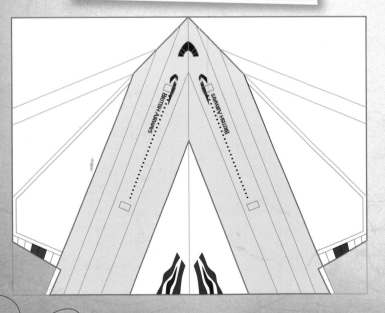

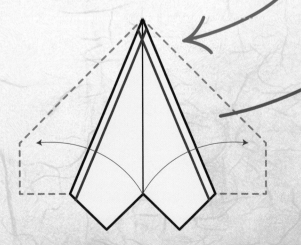

4 Ahora pliega por las líneas hacia fuera.

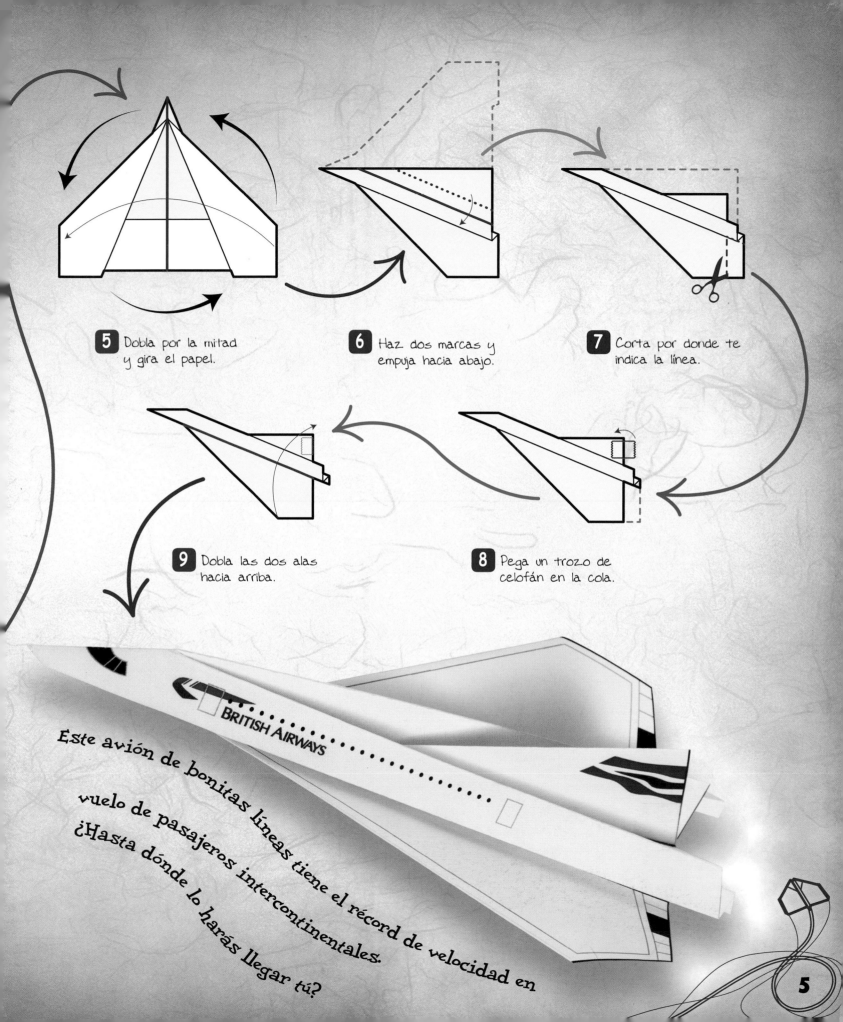

5 Dobla por la mitad y gira el papel.

6 Haz dos marcas y empuja hacia abajo.

7 Corta por donde te indica la línea.

9 Dobla las dos alas hacia arriba.

8 Pega un trozo de celofán en la cola.

BRITISH AIRWAYS

Este avión de bonitas líneas tiene el récord de velocidad en vuelo de pasajeros intercontinentales. ¿Hasta dónde lo harás llegar tú?

Especificaciones
Tipo: caza.
Vuelo: largo.
Tiempo de vuelo: medio.

Necesitas
· Papel Din A4.
· Pinturas de colores.

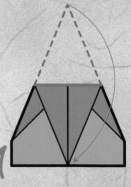

Este tipo de avión puede volar de dos formas: panza arriba y panza abajo.

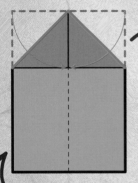

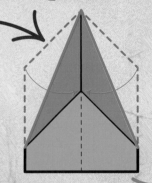

1 Dobla por la mitad y desdobla.

2 Pliega los lados hacia el centro.

3 Dobla hacia el centro otra vez.

4 Ahora lleva el pico hacia abajo.

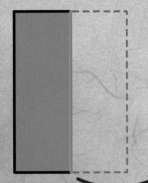

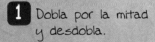

9 Haz lo mismo en el otro lado.

8 Dobla por la mitad y dale la vuelta.

7 Dobla por la mitad.

6 Pliega los lados hacia dentro.

5 Dobla el pico hacia arriba.

Intruder 3

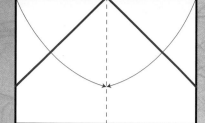

1 Dobla por la mitad y desdobla.

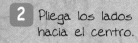

2 Pliega los lados hacia el centro.

Especificaciones
Tipo: caza.
Vuelo: largo.
Tiempo de vuelo: medio.

Necesitas
- Papel Din A4.
- Pinturas de colores.
- Celofán.

4 Ahora dobla por la mitad y gira el papel.

3 Dobla hacia el centro como en el dibujo.

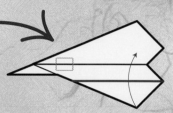

7 Dobla hacia arriba como en el dibujo.

5 Pliega los dos lados hacia abajo.

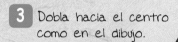

6 Pega un trozo de celofán en el centro.

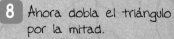

8 Ahora dobla el triángulo por la mitad.

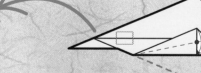

10 Pliega hacia abajo.

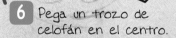

9 Lleva el pico hacia abajo, abriendo el papel.

Un vuelo preciso gracias al doble timón.

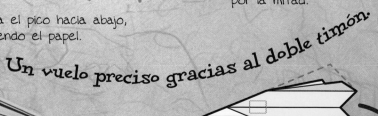

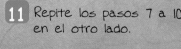

11 Repite los pasos 7 a 10 en el otro lado.

Especificaciones

Tipo: planeador.
Vuelo: largo.
Tiempo de vuelo: largo.

Necesitas

- Papel Din A4.
- Pinturas de colores.
- Tijeras.
- Celofán.

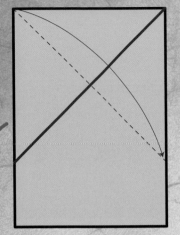

2 Ahora hazlo en sentido contrario.

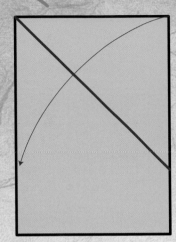

1 Dobla el papel en diagonal.

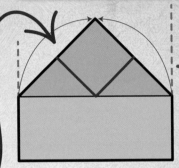

5 Pliega los picos de los lados hacia el centro.

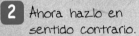

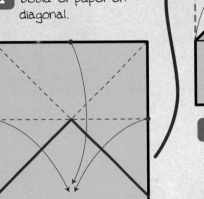

3 Pliega por la línea hacia abajo.

4 Lleva los tres puntos hasta donde te indica el dibujo.

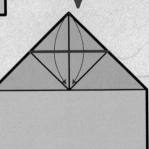

6 Dobla hacia abajo.

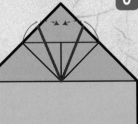

7 Pliega los lados hacia el centro.

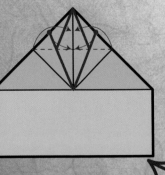

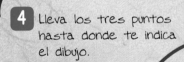

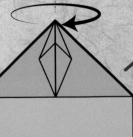

9 Marca y pliega como te indica el dibujo.

8 Desdobla y déjalo como en el paso 6.

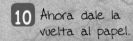

10 Ahora dale la vuelta al papel.

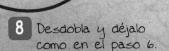

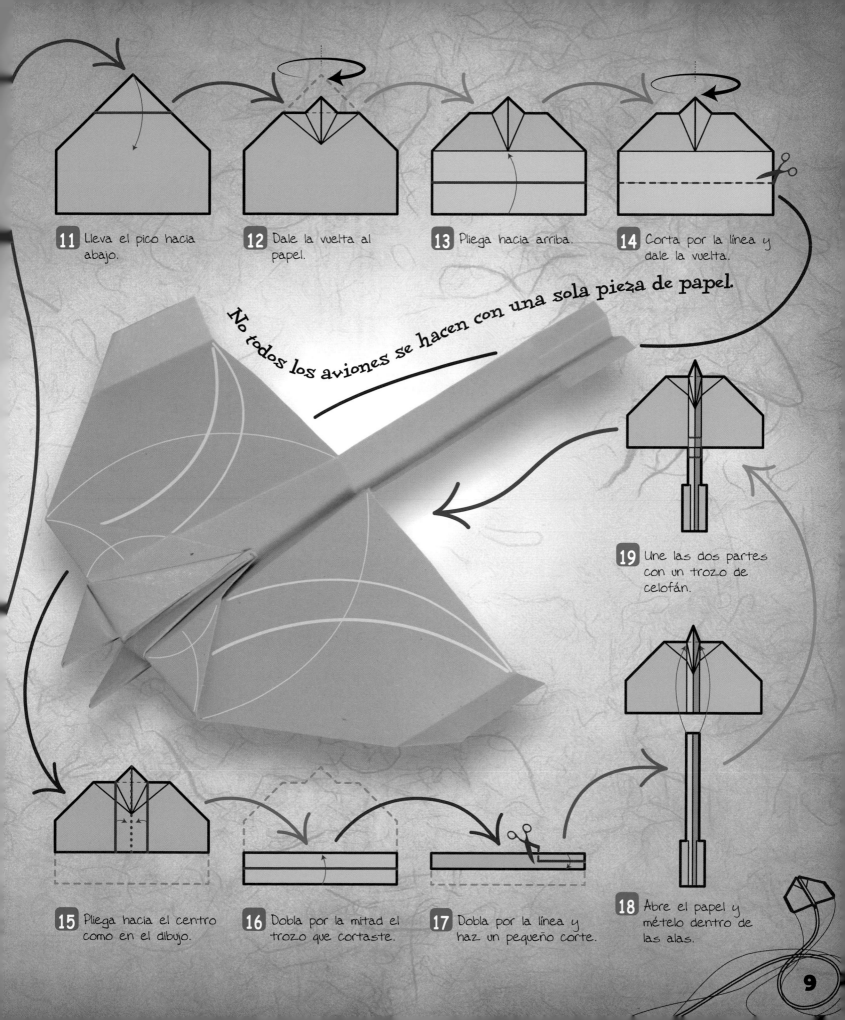

11 Lleva el pico hacia abajo.

12 Dale la vuelta al papel.

13 Pliega hacia arriba.

14 Corta por la línea y dale la vuelta.

No todos los aviones se hacen con una sola pieza de papel.

19 Une las dos partes con un trozo de celofán.

15 Pliega hacia el centro como en el dibujo.

16 Dobla por la mitad el trozo que cortaste.

17 Dobla por la línea y haz un pequeño corte.

18 Abre el papel y mételo dentro de las alas.

Planeador Y

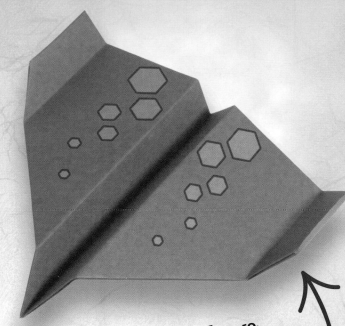

Especificaciones
Tipo: planeador.
Vuelo: largo.
Tiempo de vuelo: largo.

Necesitas
· Papel Din A4.
· Pinturas de colores.

Los planeadores como éste tienen un vuelo lento, pero muy largo.

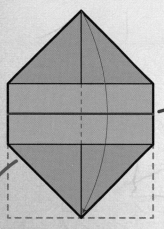

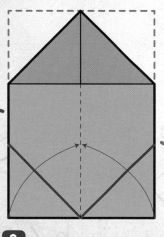

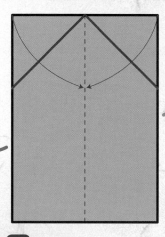

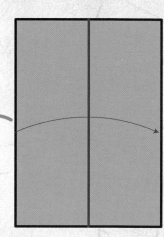

4 Dobla por la mitad hacia abajo.

3 Haz lo mismo con los lados de abajo.

2 Pliega los lados hacia el centro.

1 Dobla por la mitad y desdobla.

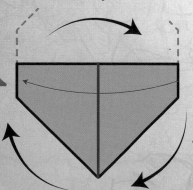

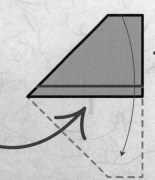

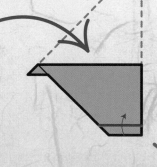

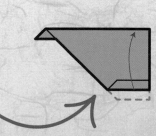

5 Dobla por la mitad y gira el papel.

6 Pliega los dos lados hacia abajo.

7 Dobla hacia arriba los extremos del ala.

8 Levanta las alas y déjalas rectas.

Superdardo

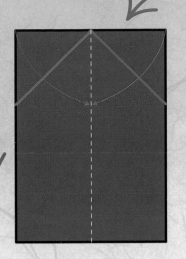

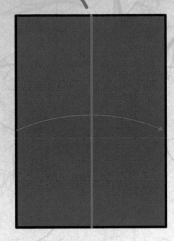

 Especificaciones
Tipo: caza.
Vuelo: largo.
Tiempo de vuelo: medio.

Necesitas
· Papel Din A4.
· Pinturas de colores.

2 Pliega los lados hacia el centro.

1 Dobla por la mitad y desdobla.

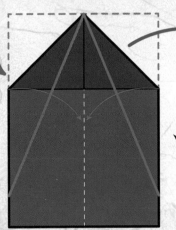

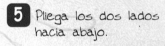

5 Pliega los dos lados hacia abajo.

3 Dobla hacia el centro como en el dibujo.

4 Dobla por la mitad y gira el papel.

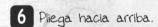

6 Pliega hacia arriba.

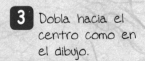

7 Levanta las alas y déjalas en ángulo recto.

Los cazas son más rápidos que los planeadores, pero su tiempo de vuelo es menor.

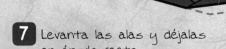

11

7 Fastblade

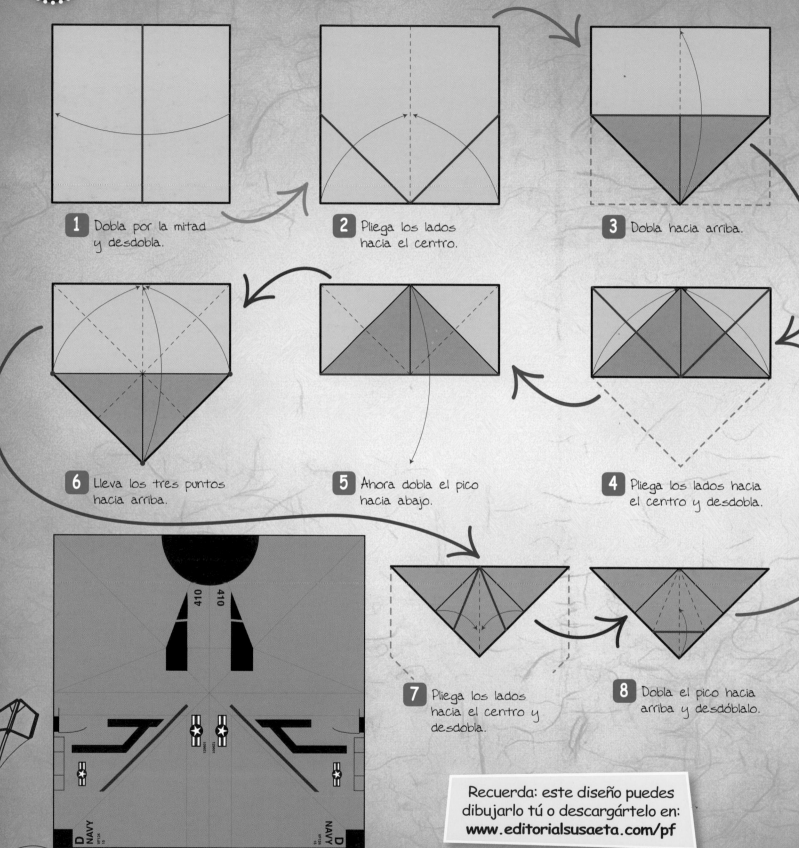

1 Dobla por la mitad y desdobla.

2 Pliega los lados hacia el centro.

3 Dobla hacia arriba.

4 Pliega los lados hacia el centro y desdobla.

5 Ahora dobla el pico hacia abajo.

6 Lleva los tres puntos hacia arriba.

7 Pliega los lados hacia el centro y desdobla.

8 Dobla el pico hacia arriba y desdóblalo.

Recuerda: este diseño puedes dibujarlo tú o descargártelo en: www.editorialsusaeta.com/pf

12

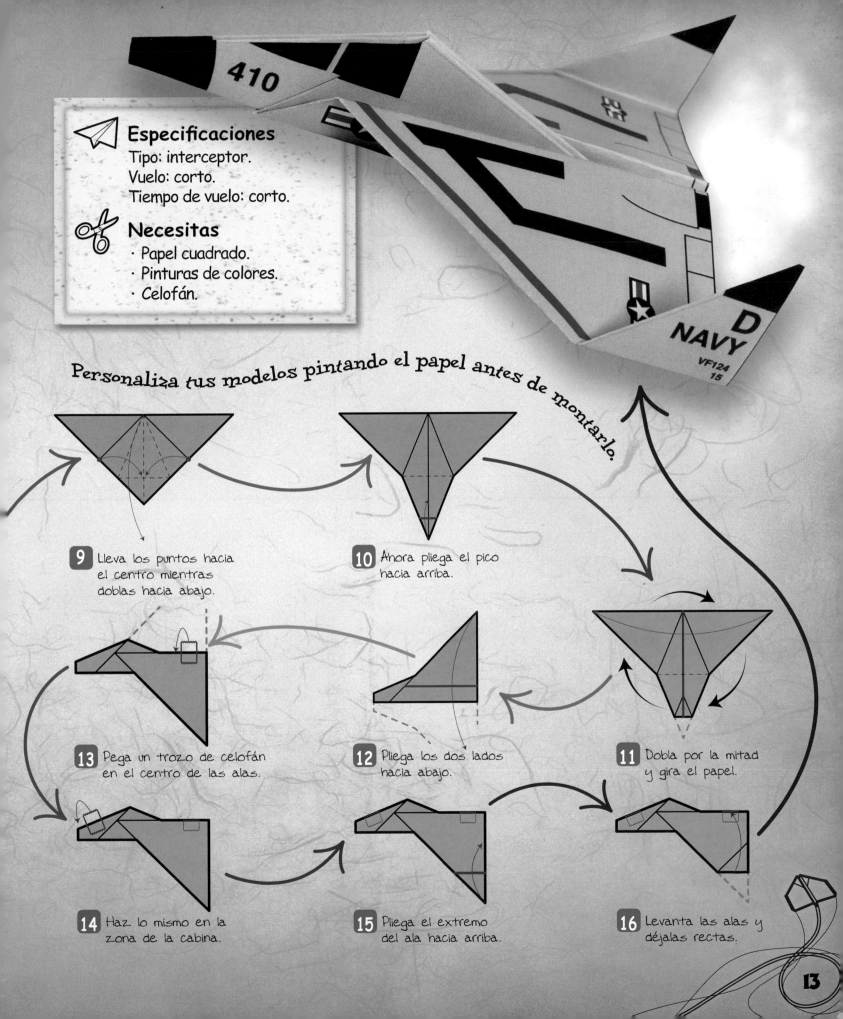

Especificaciones

Tipo: interceptor.
Vuelo: corto.
Tiempo de vuelo: corto.

Necesitas

- Papel cuadrado.
- Pinturas de colores.
- Celofán.

410

NAVY
D
VF124
15

Personaliza tus modelos pintando el papel antes de montarlo.

9 Lleva los puntos hacia el centro mientras doblas hacia abajo.

10 Ahora pliega el pico hacia arriba.

11 Dobla por la mitad y gira el papel.

12 Pliega los dos lados hacia abajo.

13 Pega un trozo de celofán en el centro de las alas.

14 Haz lo mismo en la zona de la cabina.

15 Pliega el extremo del ala hacia arriba.

16 Levanta las alas y déjalas rectas.

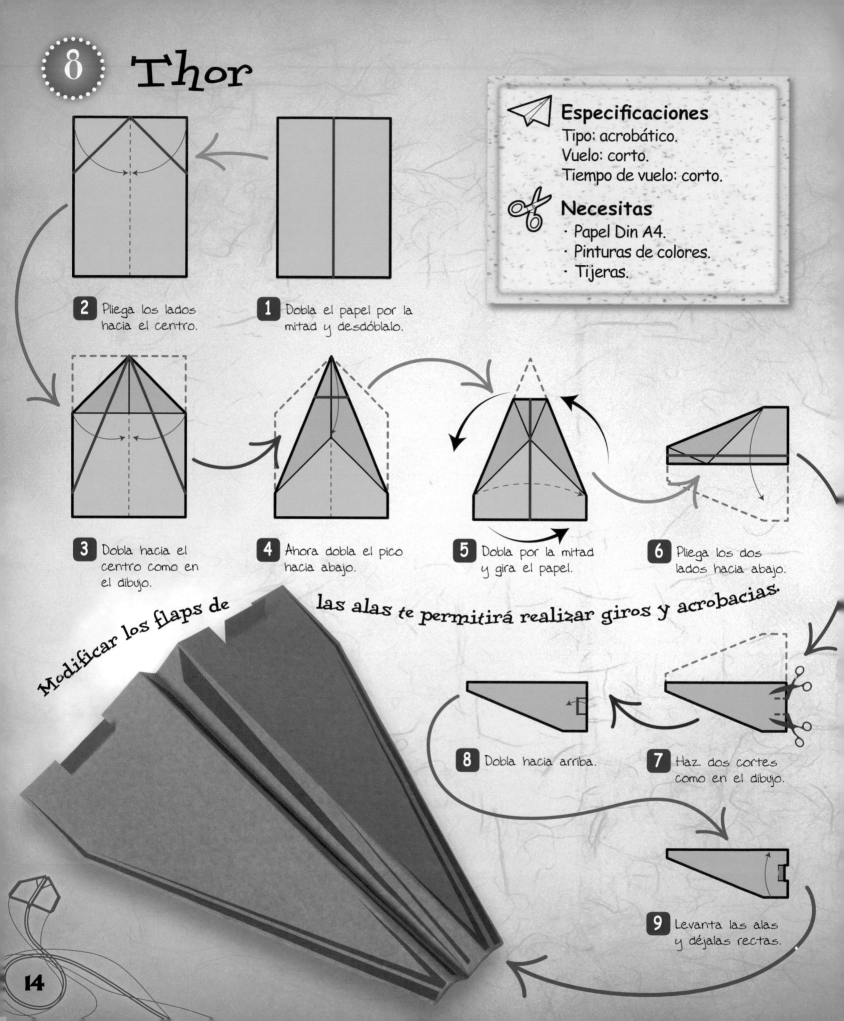

Especificaciones
Tipo: acrobático.
Vuelo: corto.
Tiempo de vuelo: corto.

Necesitas
· Papel Din A4.
· Pinturas de colores.
· Tijeras.

2 Pliega los lados hacia el centro.

1 Dobla el papel por la mitad y desdóblalo.

3 Dobla hacia el centro como en el dibujo.

4 Ahora dobla el pico hacia abajo.

5 Dobla por la mitad y gira el papel.

6 Pliega los dos lados hacia abajo.

Modificar los flaps de las alas te permitirá realizar giros y acrobacias.

8 Dobla hacia arriba.

7 Haz dos cortes como en el dibujo.

9 Levanta las alas y déjalas rectas.

Aura Nine

Este tipo de planeador no se lanza: se deja caer desde sitios elevados.

9

Especificaciones
Tipo: planeador.
Vuelo: largo.
Tiempo de vuelo: largo.

Necesitas
· Papel cuadrado.
· Pinturas de colores.

1 Dobla por la mitad y desdobla.

2 Pliega los lados hacia el centro.

3 Dobla el pico hacia arriba.

4 Dobla hacia el centro como en el dibujo.

5 Ahora lleva el pico hacia abajo.

6 Dobla por la mitad y gira el papel.

7 Pliega los dos lados hacia abajo.

8 Levanta las alas y déjalas rectas.

15

Crossfire

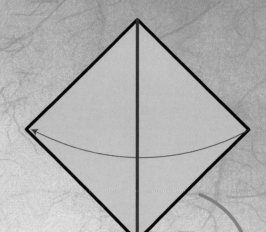

1 Dobla por la mitad y desdobla.

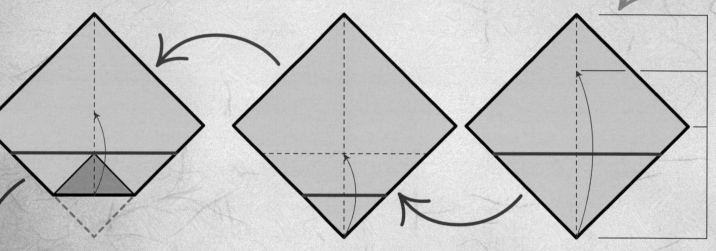

4 Vuelve a doblar hacia arriba.

3 Ahora lleva el extremo hacia la marca.

2 Dobla hacia arriba y desdobla

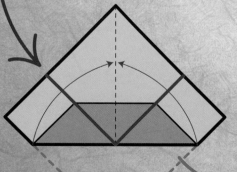

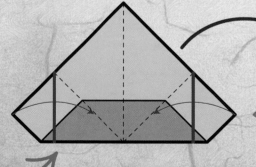

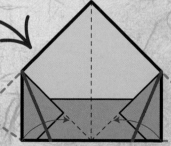

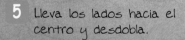

5 Lleva los lados hacia el centro y desdobla.

6 Pliega los lados hacia dentro como en el dibujo.

7 Dobla hacia el centro otra vez.

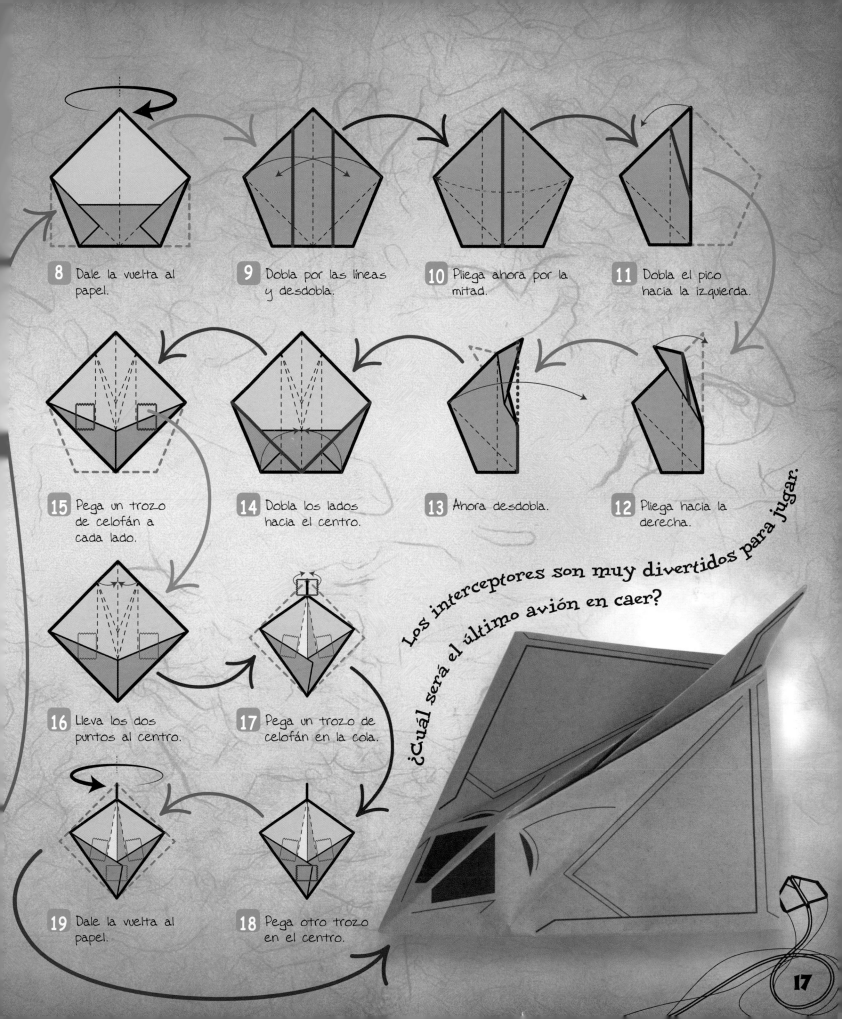

8 Dale la vuelta al papel.

9 Dobla por las líneas y desdobla.

10 Pliega ahora por la mitad.

11 Dobla el pico hacia la izquierda.

15 Pega un trozo de celofán a cada lado.

14 Dobla los lados hacia el centro.

13 Ahora desdobla.

12 Pliega hacia la derecha.

16 Lleva los dos puntos al centro.

17 Pega un trozo de celofán en la cola.

19 Dale la vuelta al papel.

18 Pega otro trozo en el centro.

Los interceptores son muy divertidos para jugar. ¿Cuál será el último avión en caer?

17

Megafly

 Especificaciones
Tipo: acrobático.
Vuelo: largo.
Tiempo de vuelo: corto.

Necesitas
- Papel Din A4.
- Pinturas de colores.

Tiene un vuelo muy largo y es ideal para volar en el recreo o el parque.

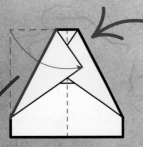

4 Haz lo mismo en el otro lado.

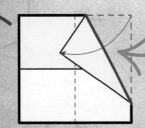

3 Pliega hacia dentro como en el dibujo.

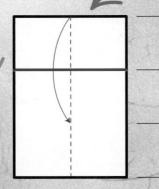

2 A continuación dobla hacia abajo.

1 Dobla por la mitad y desdobla.

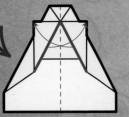

5 Pliega los lados hacia fuera.

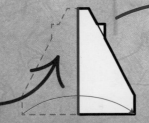

6 Ahora dobla por la mitad.

7 Pliega los dos lados hacia la izquierda.

8 Pliega hacia la derecha.

Especificaciones

Tipo: interceptor.
Vuelo: corto.
Tiempo de vuelo: corto.

Necesitas

· Papel cuadrado.
· Pinturas de colores.
· Celofán.

1 Dobla por la mitad y desdobla.

2 Pliega hacia arriba y desdobla.

3 Ahora pliega por la marca.

4 Vuelve a doblar hacia arriba.

5 Lleva las esquinas hacia el centro y desdobla.

6 Dobla por las marcas y dale la vuelta al papel.

7 Dobla por las líneas y desdobla.

8 Dobla ahora por la mitad.

9 Pliega por la línea y desdóblalo todo.

10 Pliega los lados hacia el centro y pégalos con celofán.

11 Lleva los puntos al centro.

12 Pega con celofán la cola y el centro.

Es perfecto para jugar en casa

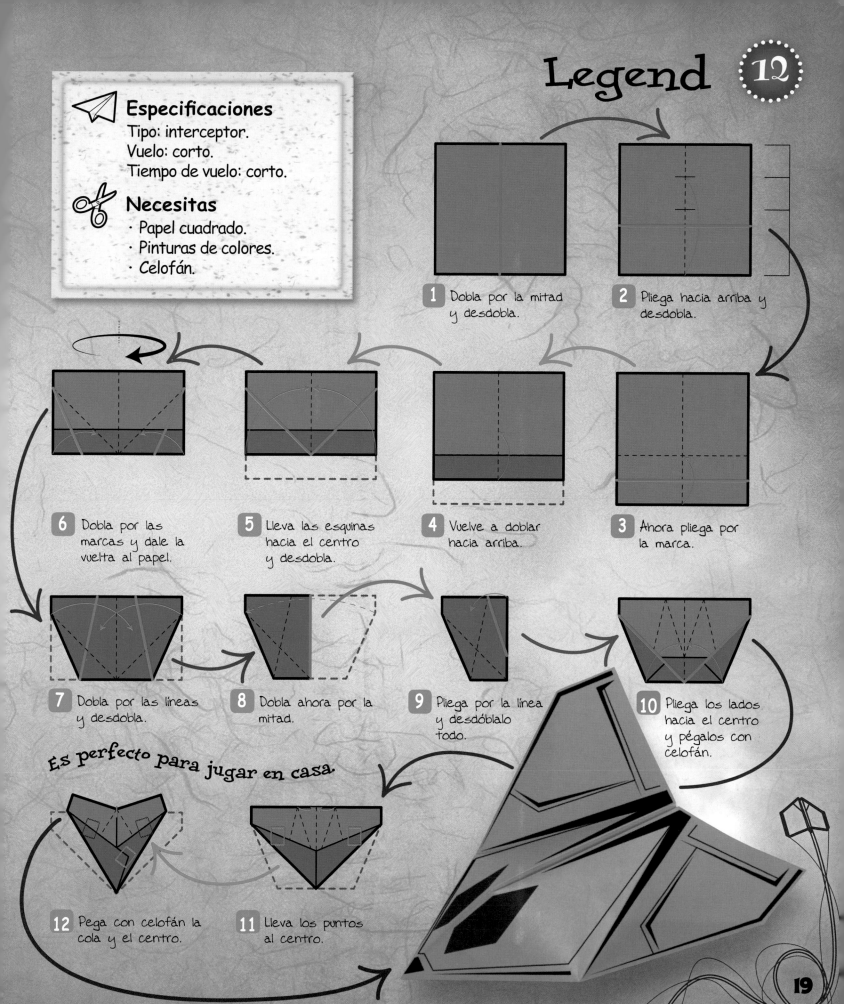

13 Tornado

Especificaciones
Tipo: interceptor-caza.
Vuelo: medio.
Tiempo de vuelo: medio.

Necesitas
· Papel de 27 x 21 cm.
· Pinturas de colores.
· Tijeras.
· Celofán.

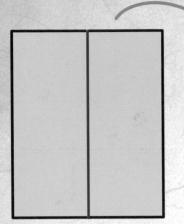

1 Dobla por la mitad y desdobla.

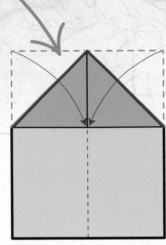

2 Pliega los lados hacia el centro.

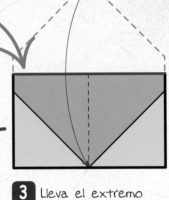

3 Lleva el extremo hacia abajo.

4 Ahora dobla hacia arriba.

5 Pliega hacia el centro y marca sólo por la línea.

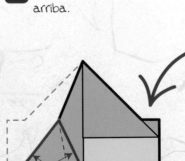

6 Abre el papel y repasa con el dedo por la línea.

Recuerda: este diseño puedes dibujarlo tú o descargártelo en:
www.editorialsusaeta.com/pf

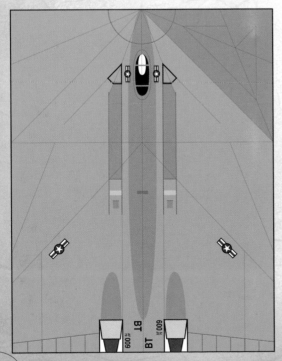

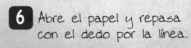

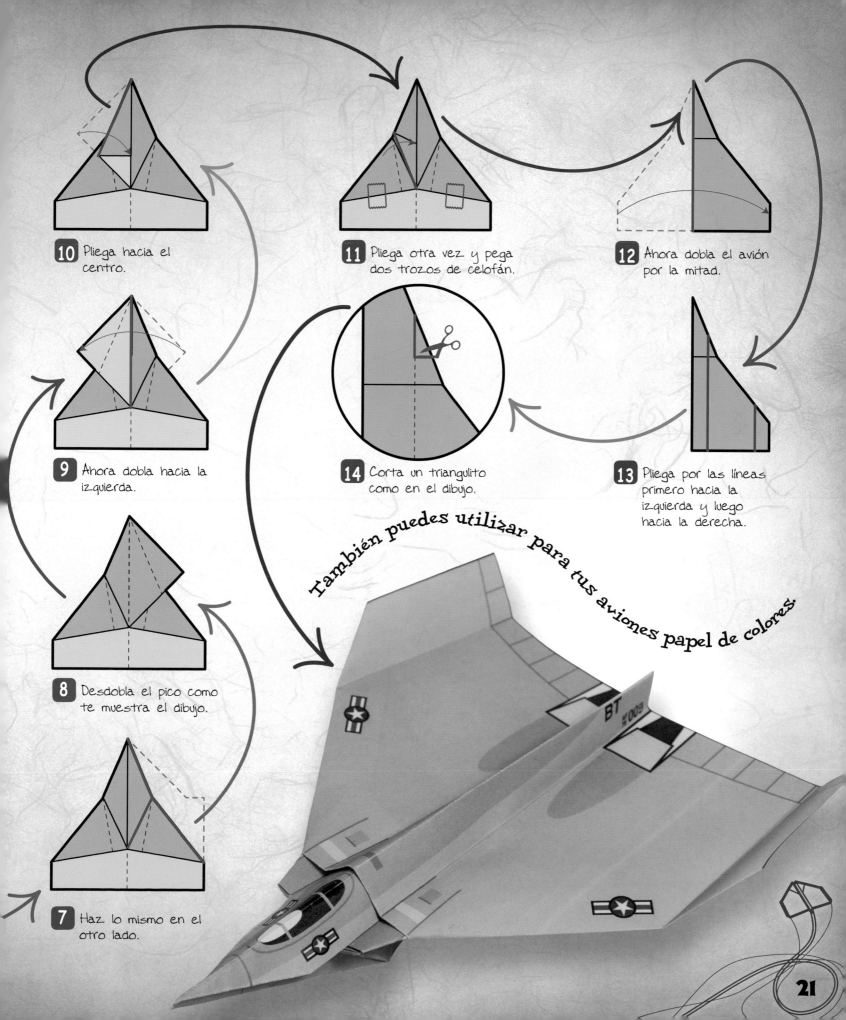

10 Pliega hacia el centro.

11 Pliega otra vez y pega dos trozos de celofán.

12 Ahora dobla el avión por la mitad.

9 Ahora dobla hacia la izquierda.

14 Corta un triangulito como en el dibujo.

13 Pliega por las líneas primero hacia la izquierda y luego hacia la derecha.

8 Desdobla el pico como te muestra el dibujo.

También puedes utilizar para tus aviones papel de colores.

7 Haz lo mismo en el otro lado.

BT   009

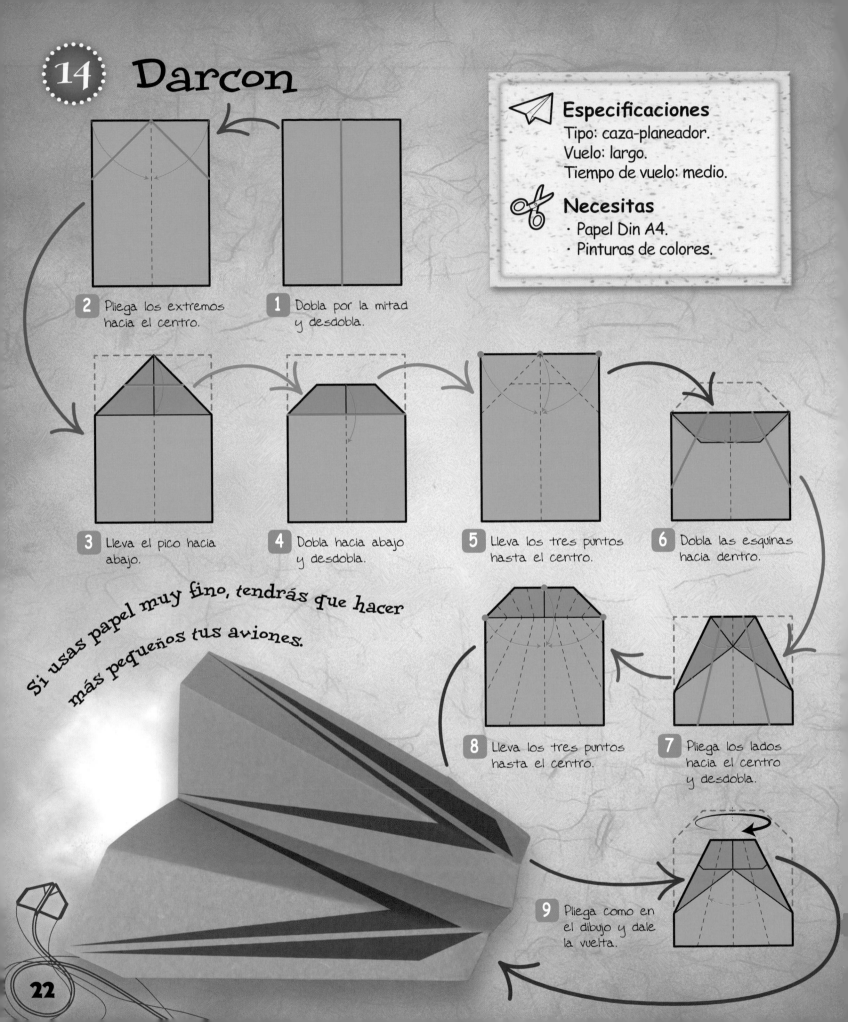

14 Darcon

Especificaciones
Tipo: caza-planeador.
Vuelo: largo.
Tiempo de vuelo: medio.

Necesitas
· Papel Din A4.
· Pinturas de colores.

2 Pliega los extremos hacia el centro.

1 Dobla por la mitad y desdobla.

3 Lleva el pico hacia abajo.

4 Dobla hacia abajo y desdobla.

5 Lleva los tres puntos hasta el centro.

6 Dobla las esquinas hacia dentro.

Si usas papel muy fino, tendrás que hacer más pequeños tus aviones.

8 Lleva los tres puntos hasta el centro.

7 Pliega los lados hacia el centro y desdobla.

9 Pliega como en el dibujo y dale la vuelta.

22

Red Vamp

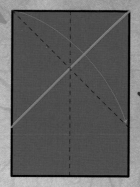

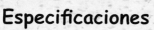

Especificaciones
Tipo: acrobático-planeador.
Vuelo: medio.
Tiempo de vuelo: medio.

Necesitas
· Papel Din A4.
· Pinturas de colores.

1 Dobla el papel en diagonal.

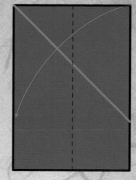

2 Ahora dobla en sentido contrario.

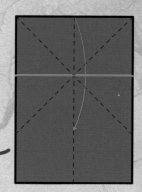

3 Pliega por la línea hacia abajo.

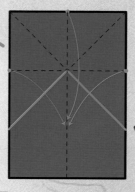

4 Lleva los tres puntos hasta donde te indica el dibujo.

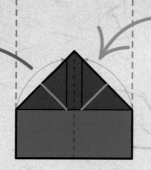

5 Ahora dobla los lados hacia dentro.

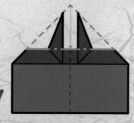

6 Pliega hacia dentro como en el dibujo.

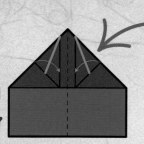

7 Desdobla y métalo dentro.

8 Dobla el pico hacia atrás.

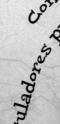

9 Ahora dobla por la mitad.

10 Pliega por las líneas.

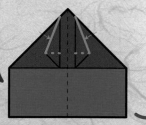

Con lápices de colores y rotuladores puedes hacer diseños muy bonitos.

Piros

Especificaciones
Tipo: planeador.
Vuelo: largo.
Tiempo de vuelo: largo.

Necesitas
· Papel de 27 x 21 cm.
· Pinturas de colores.
· Tijeras.
· Celofán.

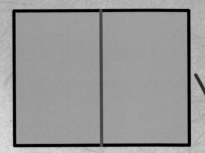

1 Dobla por la mitad y desdobla.

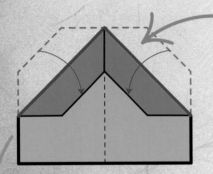

4 Ahora dobla los lados hacia dentro.

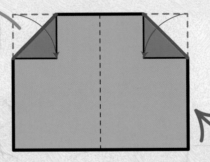

3 Dobla en diagonal por las marcas.

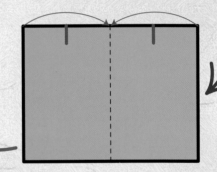

2 Pliega los lados hacia el centro y marca sólo por las líneas.

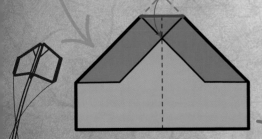

5 Pliega el pico hacia abajo.

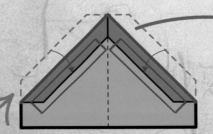

6 Dobla los lados hacia dentro y pégalos.

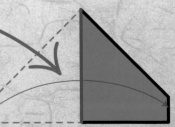

7 Ahora dobla por la mitad.

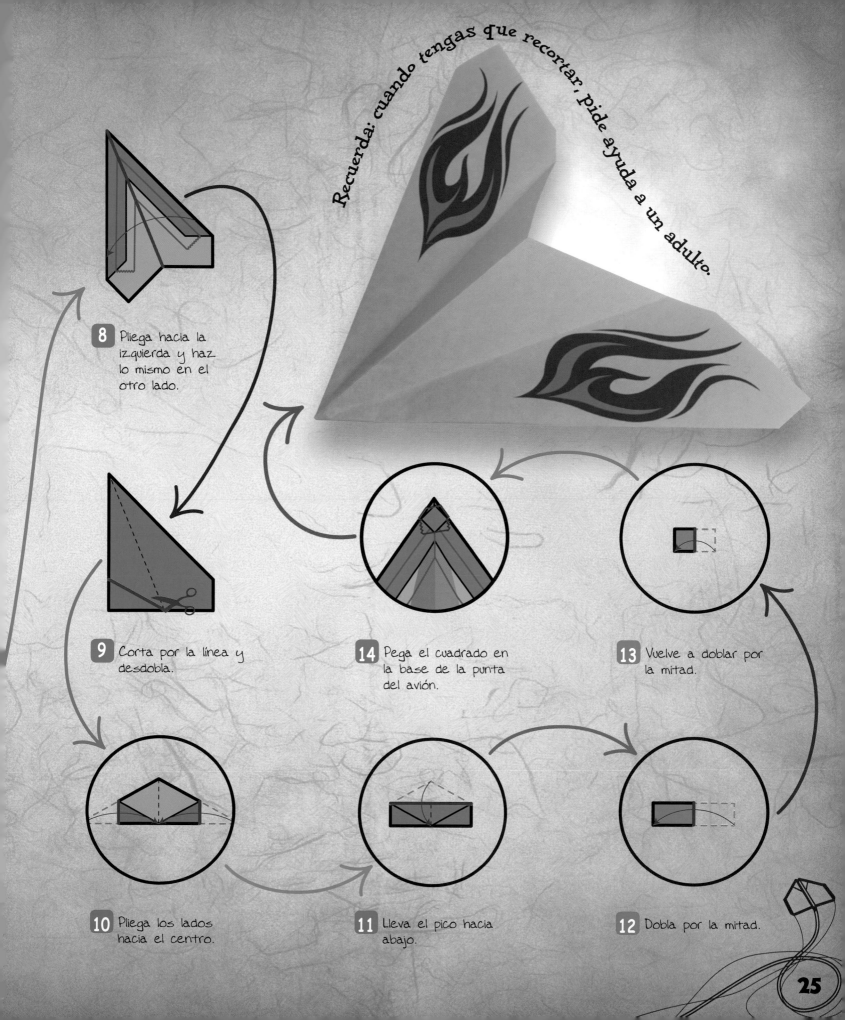

8 Pliega hacia la izquierda y haz lo mismo en el otro lado.

9 Corta por la línea y desdobla.

14 Pega el cuadrado en la base de la punta del avión.

13 Vuelve a doblar por la mitad.

10 Pliega los lados hacia el centro.

11 Lleva el pico hacia abajo.

12 Dobla por la mitad.

Blue Baron

Especificaciones
Tipo: interceptor-caza.
Vuelo: medio.
Tiempo de vuelo: medio.

Necesitas
· Papel Din A4.
· Pinturas de colores.

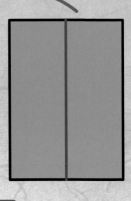

1 Dobla por la mitad y desdobla.

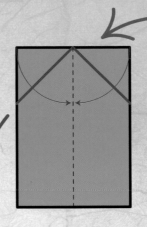

2 Pliega los lados hacia el centro.

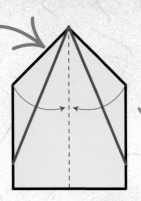

3 Dale la vuelta al papel.

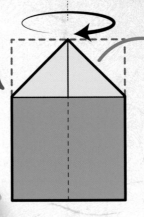

4 Dobla hacia el centro como en el dibujo.

5 Pliega el pico hacia abajo.

6 Ahora pliega hacia arriba.

7 Dobla el papel por la mitad.

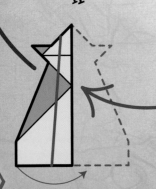

8 Pliega los lados hacia la derecha.

Levantando o bajando las alas puedes hacer que tu avión sea más rápido o más lento.

Bala Verde

1 Dobla por la mitad y desdobla.

Especificaciones
Tipo: caza.
Vuelo: largo.
Tiempo de vuelo: medio.

Necesitas
· Papel Din A4.
· Pinturas de colores.

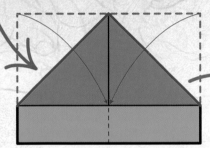

2 Pliega las esquinas hacia el centro.

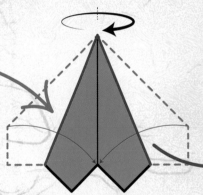

3 Dobla los lados hacia el centro como en el dibujo y gira el papel.

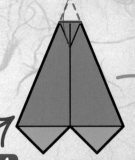

4 Lleva el pico hacia abajo.

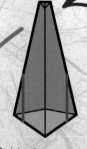

6 Dobla hacia arriba.

5 Pliega por las líneas y llévalas al centro.

Para que el vuelo sea más preciso, los timones tienen que tener el mismo ángulo.

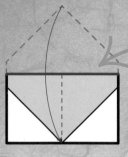

3 Dobla ahora el pico hacia abajo.

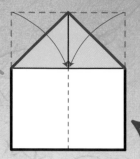

2 Pliega las esquinas de arriba hacia el centro.

1 Dobla el papel por la mitad y desdóblalo.

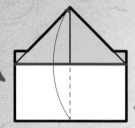

4 A continuación dobla hacia arriba.

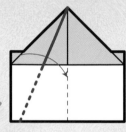

5 Pliega hacia el centro y marca sólo por la línea.

6 Abre el papel y repasa con el dedo por la línea.

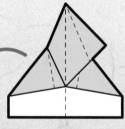

8 Desdobla el pico como te muestra el dibujo.

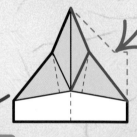

7 Haz lo mismo en el otro lado.

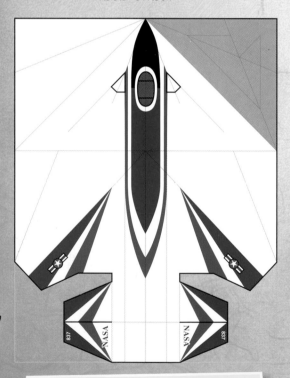

Recuerda: este diseño puedes dibujarlo tú o descargártelo en: **www.editorialsusaeta.com/pf**

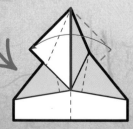

9 Ahora dobla hacia la izquierda.

10 Pliega hacia el centro.

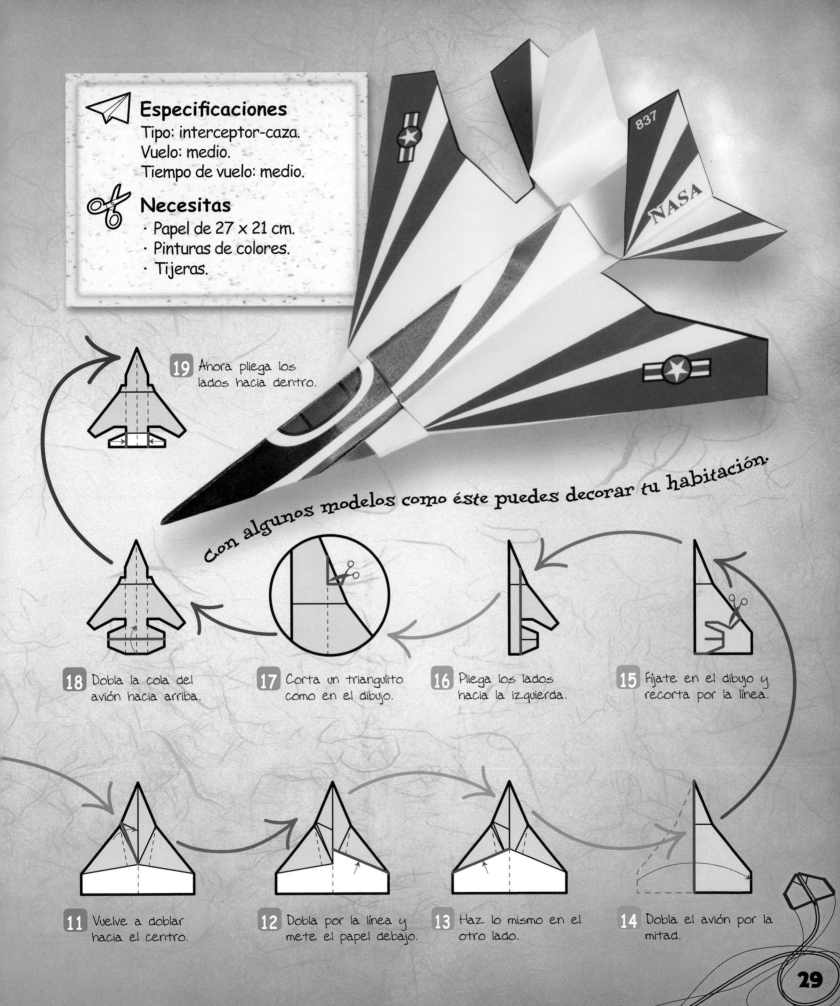

837

NASA

19 Ahora pliega los lados hacia dentro.

Con algunos modelos como éste puedes decorar tu habitación.

18 Dobla la cola del avión hacia arriba.

17 Corta un triangulito como en el dibujo.

16 Pliega los lados hacia la izquierda.

15 Fíjate en el dibujo y recorta por la línea.

11 Vuelve a doblar hacia el centro.

12 Dobla por la línea y mete el papel debajo.

13 Haz lo mismo en el otro lado.

14 Dobla el avión por la mitad.

Sunplane

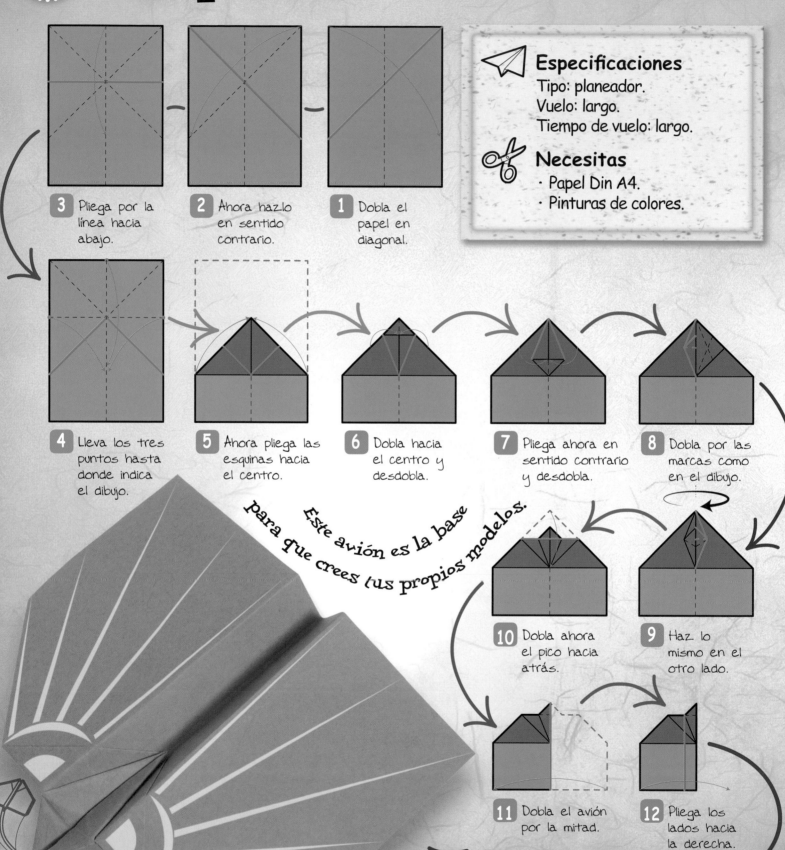

3 Pliega por la línea hacia abajo.

2 Ahora hazlo en sentido contrario.

1 Dobla el papel en diagonal.

Especificaciones
Tipo: planeador.
Vuelo: largo.
Tiempo de vuelo: largo.

Necesitas
· Papel Din A4.
· Pinturas de colores.

4 Lleva los tres puntos hasta donde indica el dibujo.

5 Ahora pliega las esquinas hacia el centro.

6 Dobla hacia el centro y desdobla.

7 Pliega ahora en sentido contrario y desdobla.

8 Dobla por las marcas como en el dibujo.

Este avión es la base para que crees tus propios modelos.

10 Dobla ahora el pico hacia atrás.

9 Haz lo mismo en el otro lado.

11 Dobla el avión por la mitad.

12 Pliega los lados hacia la derecha.

Especificaciones
Tipo: caza-acrobático.
Vuelo: medio.
Tiempo de vuelo: medio.

 ## Necesitas
· Papel Din A4.
· Pinturas de colores.
· Tijeras.
· Celofán.

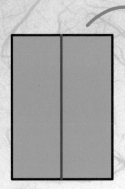
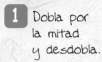
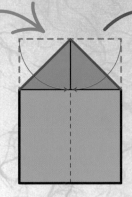
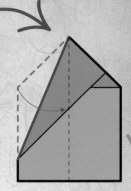

1 Dobla por la mitad y desdobla.

2 Pliega los extremos hacia el centro.

3 Lleva la punta hasta el borde.

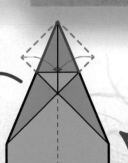
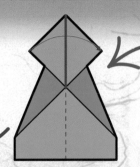
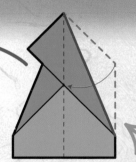
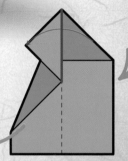

7 Dobla las esquinas hacia el centro.

6 Pliega hacia la derecha.

5 Repite el paso 3 en el otro lado.

4 Ahora pliega hacia la izquierda.

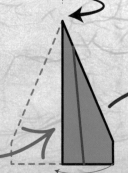
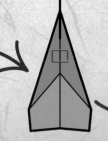
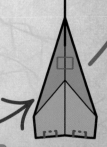

8 A continuación dobla por la mitad.

9 Pliega los lados hacia la izquierda.

10 Pega un trozo de celofán en el centro.

11 Haz unos cortes como en el dibujo y pliega.

Especificaciones

Tipo: interceptor.
Vuelo: corto.
Tiempo de vuelo: corto.

Necesitas

· Papel cuadrado.
· Pinturas de colores.
· Celofán.

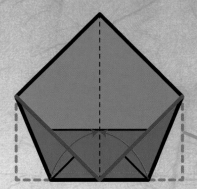

1 Repite los siete primeros pasos del modelo de la página 16.

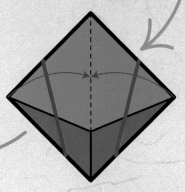

2 Pliega las esquinas hacia el centro.

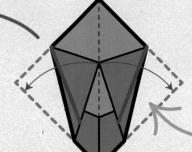

3 Ahora dobla hacia fuera por la línea.

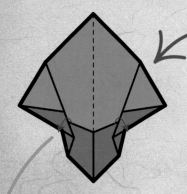

4 Saca las esquinas que han quedado ocultas y repásalas con el dedo. Después, desdobla.

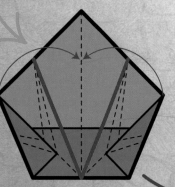

5 Pliega los lados hacia el centro y desdobla.

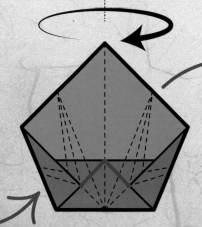

6 Marca las líneas del dibujo y gira el papel.

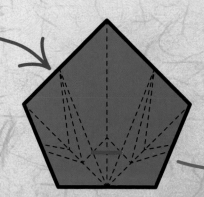

7 Ahora marca con los dedos esta línea.

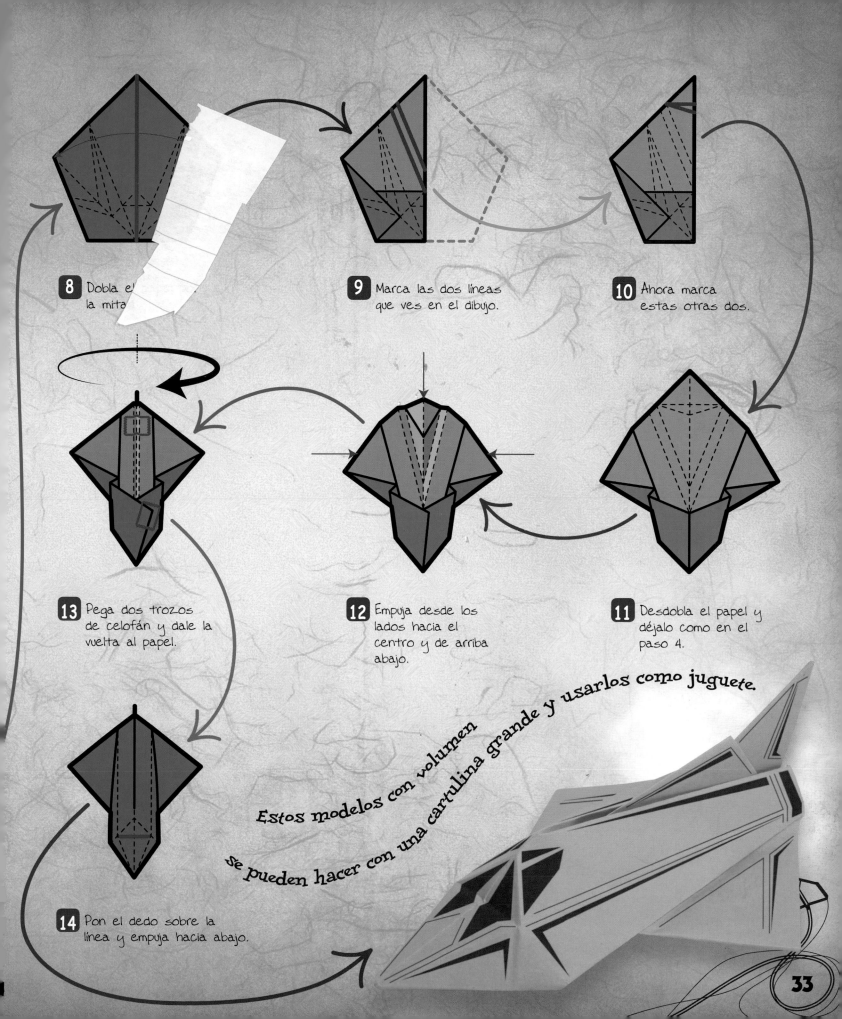

8 Dobla el [...] la mita[...]

9 Marca las dos líneas que ves en el dibujo.

10 Ahora marca estas otras dos.

13 Pega dos trozos de celofán y dale la vuelta al papel.

12 Empuja desde los lados hacia el centro y de arriba abajo.

11 Desdobla el papel y déjalo como en el paso 4.

Estos modelos con volumen se pueden hacer con una cartulina grande y usarlos como juguete.

14 Pon el dedo sobre la línea y empuja hacia abajo.

23 Dominion

Especificaciones
Tipo: caza-planeador.
Vuelo: largo.
Tiempo de vuelo: medio.

Necesitas
· Papel cuadrado.
· Pinturas de colores.
· Celofán.

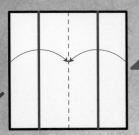

2 Pliega ahora los lados hacia el centro.

1 Dobla el papel por la mitad y desdóblalo.

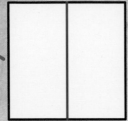

3 Pliega hacia el centro, marca sólo las líneas y dale la vuelta.

4 Pliega hasta la marca.

Utiliza un papel fino para hacer aviones pequeños.

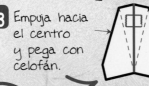

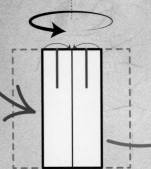

6 Ahora desdobla y pliega luego el papel hacia abajo.

5 Haz lo mismo en el otro lado y gira el papel.

12 Dobla ahora el modelo por la mitad.

11 Pliega los lados hacia el centro y dale la vuelta al papel.

13 Empuja hacia el centro y pega con celofán.

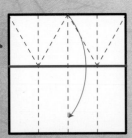

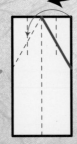

7 Abre el papel y dobla como en el dibujo.

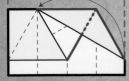

8 Haz lo mismo en el otro lado.

9 Oculta uno de los lados bajo el otro.

10 Dobla ahora el pico hacia arriba.

Especificaciones

Tipo: caza-planeador.
Vuelo: largo.
Tiempo de vuelo: medio.

Necesitas

· Papel Din A4.
· Pinturas de colores.
· Celofán.

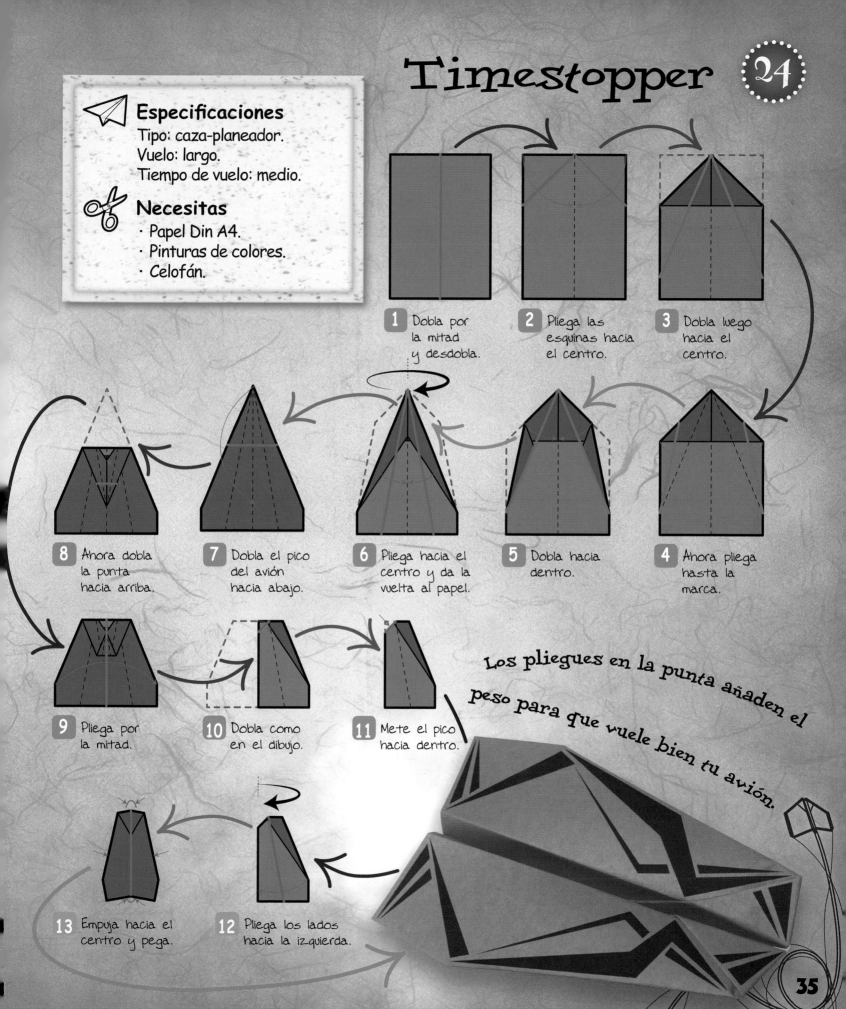

1 Dobla por la mitad y desdobla.

2 Pliega las esquinas hacia el centro.

3 Dobla luego hacia el centro.

4 Ahora pliega hasta la marca.

5 Dobla hacia dentro.

6 Pliega hacia el centro y da la vuelta al papel.

7 Dobla el pico del avión hacia abajo.

8 Ahora dobla la punta hacia arriba.

9 Pliega por la mitad.

10 Dobla como en el dibujo.

11 Mete el pico hacia dentro.

12 Pliega los lados hacia la izquierda.

13 Empuja hacia el centro y pega.

Los pliegues en la punta añaden el peso para que vuele bien tu avión.

Especificaciones

Tipo: caza-planeador.
Vuelo: largo.
Tiempo de vuelo: medio.

Necesitas

- Papel de 27 x 21 cm.
- Pinturas de colores.
- Tijeras.
- Celofán.

1 Dobla por la mitad y desdobla.

2 Pliega las esquinas hacia el centro.

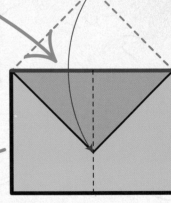

3 Dobla la punta hacia abajo.

Recuerda: este diseño puedes dibujarlo tú o descargártelo en: **www.editorialsusaeta.com/pf**

4 Pliega las esquinas hacia el centro.

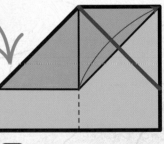

5 Ahora desdobla la esquina derecha.

6 Después dobla como en el dibujo.

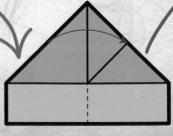

7 Pliega el pico hacia la derecha.

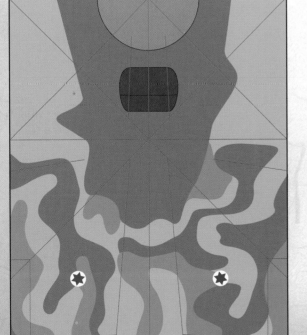

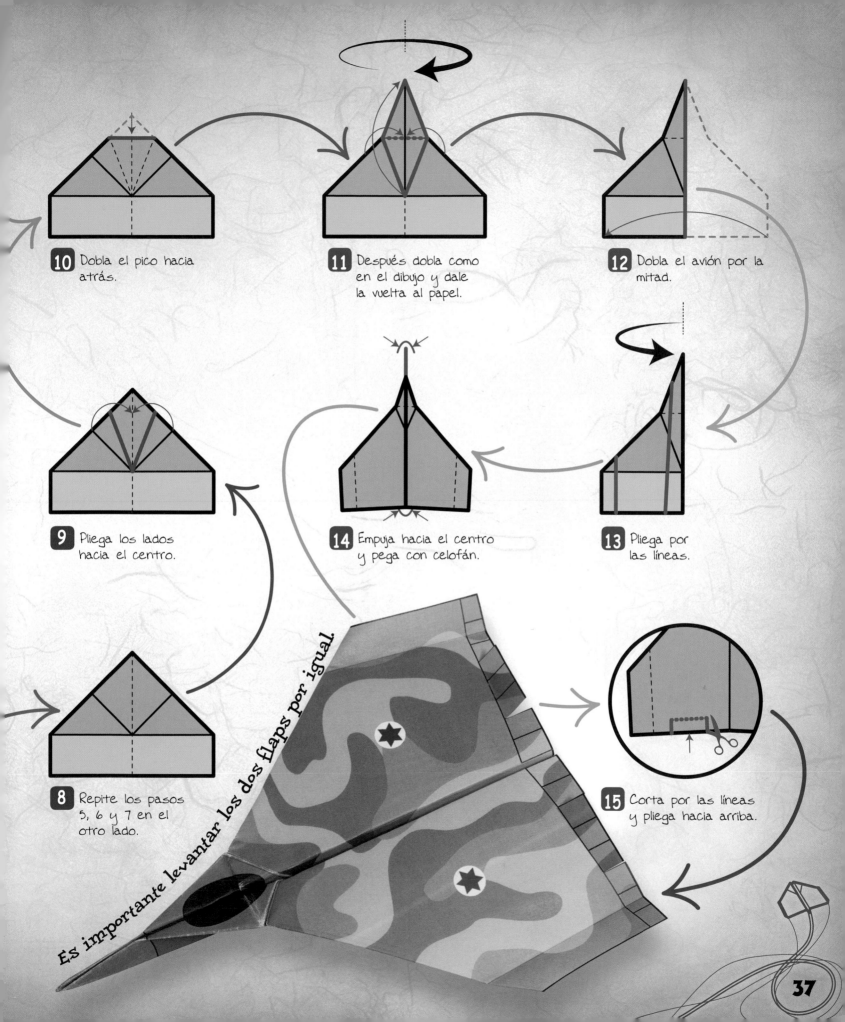

10 Dobla el pico hacia atrás.

11 Después dobla como en el dibujo y dale la vuelta al papel.

12 Dobla el avión por la mitad.

9 Pliega los lados hacia el centro.

14 Empuja hacia el centro y pega con celofán.

13 Pliega por las líneas.

8 Repite los pasos 5, 6 y 7 en el otro lado.

Es importante levantar los dos flaps por igual.

15 Corta por las líneas y pliega hacia arriba.

Blade

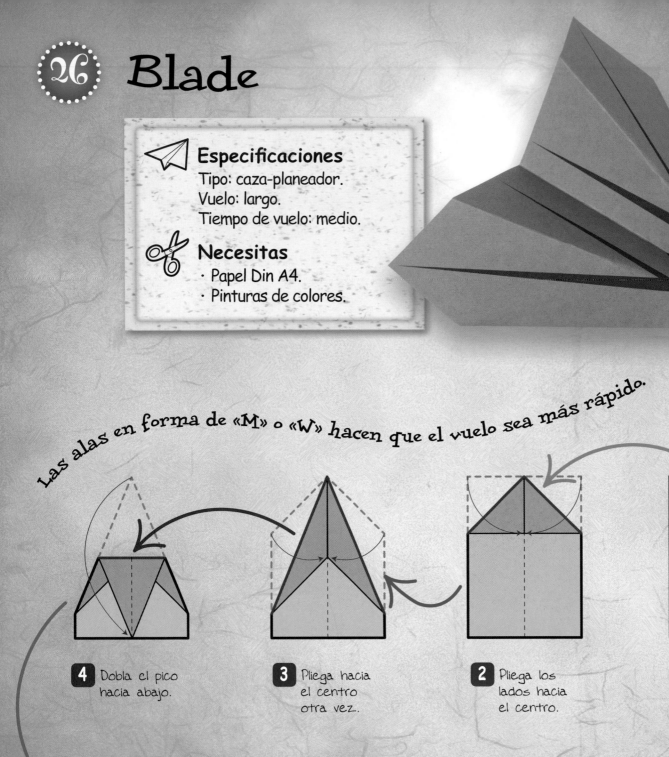

Especificaciones
Tipo: caza-planeador.
Vuelo: largo.
Tiempo de vuelo: medio.

Necesitas
· Papel Din A4.
· Pinturas de colores.

Las alas en forma de «M» o «W» hacen que el vuelo sea más rápido.

4 Dobla el pico hacia abajo.

3 Pliega hacia el centro otra vez.

2 Pliega los lados hacia el centro.

1 Dobla por la mitad y desdobla.

5 Pliega los lados hacia el centro.

6 Dobla el pico hacia arriba y dale la vuelta.

7 Dobla por la mitad.

8 Pliega los lados hacia el centro.

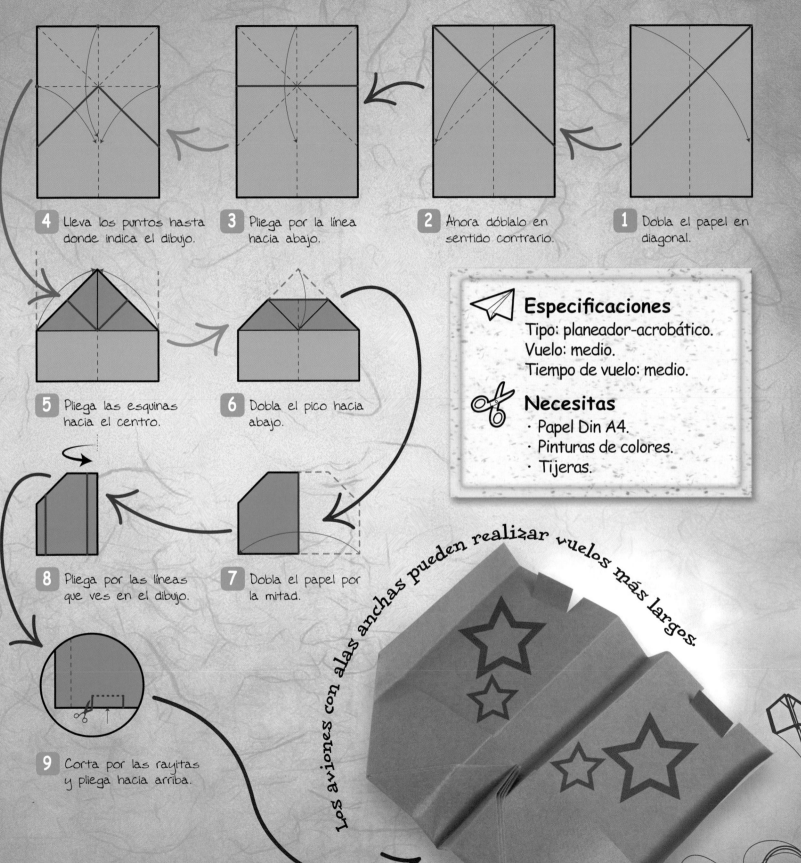

4 Lleva los puntos hasta donde indica el dibujo.

3 Pliega por la línea hacia abajo.

2 Ahora dóblalo en sentido contrario.

1 Dobla el papel en diagonal.

5 Pliega las esquinas hacia el centro.

6 Dobla el pico hacia abajo.

Especificaciones
Tipo: planeador-acrobático.
Vuelo: medio.
Tiempo de vuelo: medio.

Necesitas
· Papel Din A4.
· Pinturas de colores.
· Tijeras.

8 Pliega por las líneas que ves en el dibujo.

7 Dobla el papel por la mitad.

9 Corta por las rayitas y pliega hacia arriba.

Los aviones con alas anchas pueden realizar vuelos más largos.

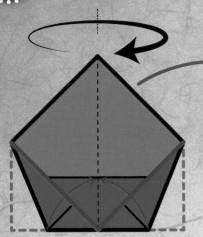

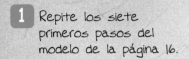

1 Repite los siete primeros pasos del modelo de la página 16.

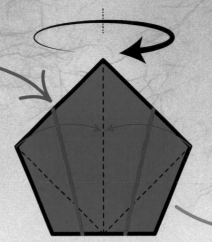

2 Pliega ahora los extremos hacia el centro y gira el papel.

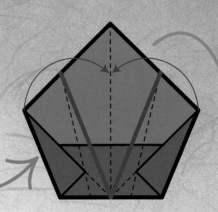

3 Pliega los extremos hacia el centro como en el dibujo.

5 Pliega la esquina superior hacia la izquierda.

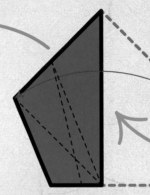

4 Dobla el papel por la mitad.

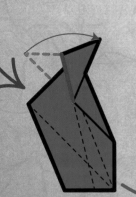

6 Ahora pliega hacia la derecha.

7 Desdobla y dobla como en el dibujo.

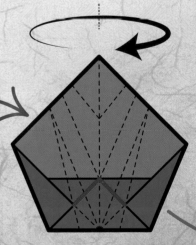

8 Desdobla, marca las líneas del dibujo y gira el papel.

Especificaciones

Tipo: interceptor.
Vuelo: corto.
Tiempo de vuelo: corto.

Necesitas

· Papel cuadrado.
· Pinturas de colores.
· Celofán.

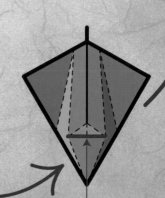

Los aviones de alas triangulares son los más rápidos, pero su vuelo es más corto que el de los que las tienen más cuadradas.

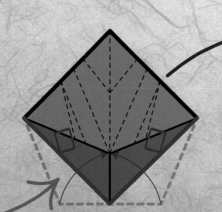

9 Pliega los lados hacia el centro y pégalos.

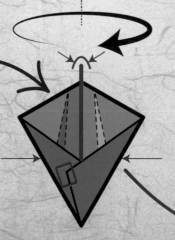

10 Empuja hacia el centro y pega dos trozos de celofán.

11 Pon el dedo sobre la línea y empuja hacia abajo.

29 Slower

Especificaciones
Tipo: planeador.
Vuelo: largo.
Tiempo de vuelo: largo.

Necesitas
· Papel Din A4.
· Pinturas de colores.

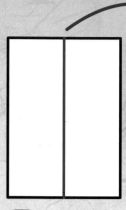 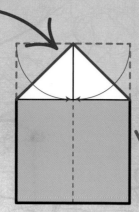

1 Dobla por la mitad y desdobla.

2 Pliega los lados hacia el centro.

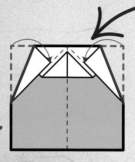 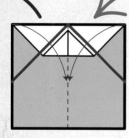  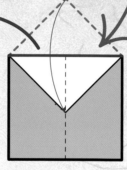

6 Pliega hasta la marca.

5 Dobla hacia el centro y desdobla.

4 Ahora pliégalo hacia arriba.

3 Dobla el pico hacia abajo.

7 Lleva los extremos hacia el centro.

8 Dobla el papel por la mitad.

9 Marca las líneas que ves en el dibujo.

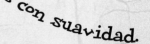
Los planeadores como éste hay que lanzarlos con suavidad.

Especificaciones
Tipo: planeador.
Vuelo: largo.
Tiempo de vuelo: largo.

 Necesitas
· Papel Din A4.
· Pinturas de colores.

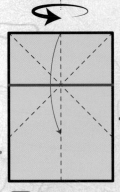

1 Dobla por la mitad y desdobla.

2 Pliega ahora el papel en diagonal.

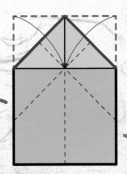

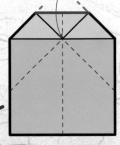

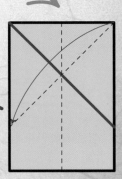

7 Lleva los dos puntos hasta el centro.

6 Dobla luego el pico hacia abajo.

5 Pliega las esquinas hacia el centro.

4 Dobla por la línea hacia abajo y da la vuelta al papel.

3 Ahora dobla en sentido contrario.

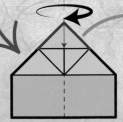

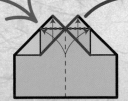

8 Empuja hacia abajo y dale la vuelta.

9 Dobla el pico hacia abajo y dale la vuelta.

10 Pliega el papel como en el dibujo.

11 A continuación dobla por la mitad.

12 Marca las líneas que ves en el dibujo.

43

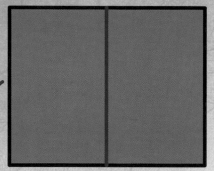

1 Dobla por la mitad y desdobla.

 Especificaciones
Tipo: planeador.
Vuelo: largo.
Tiempo de vuelo: largo.

 Necesitas
· Papel de 27 x 21 cm.
· Pinturas de colores.
· Tijeras.
· Celofán.

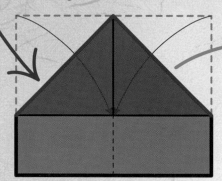

2 Pliega las esquinas hacia el centro y desdobla.

Recuerda: este diseño puedes dibujarlo tú o descargártelo en: www.editorialsusaeta.com/pf

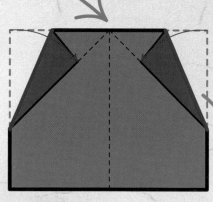

3 Pliega por las marcas.

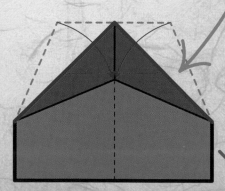

4 Lleva las esquinas hacia el centro.

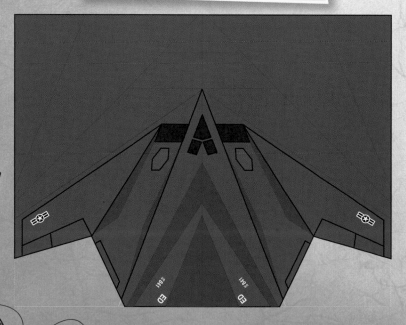

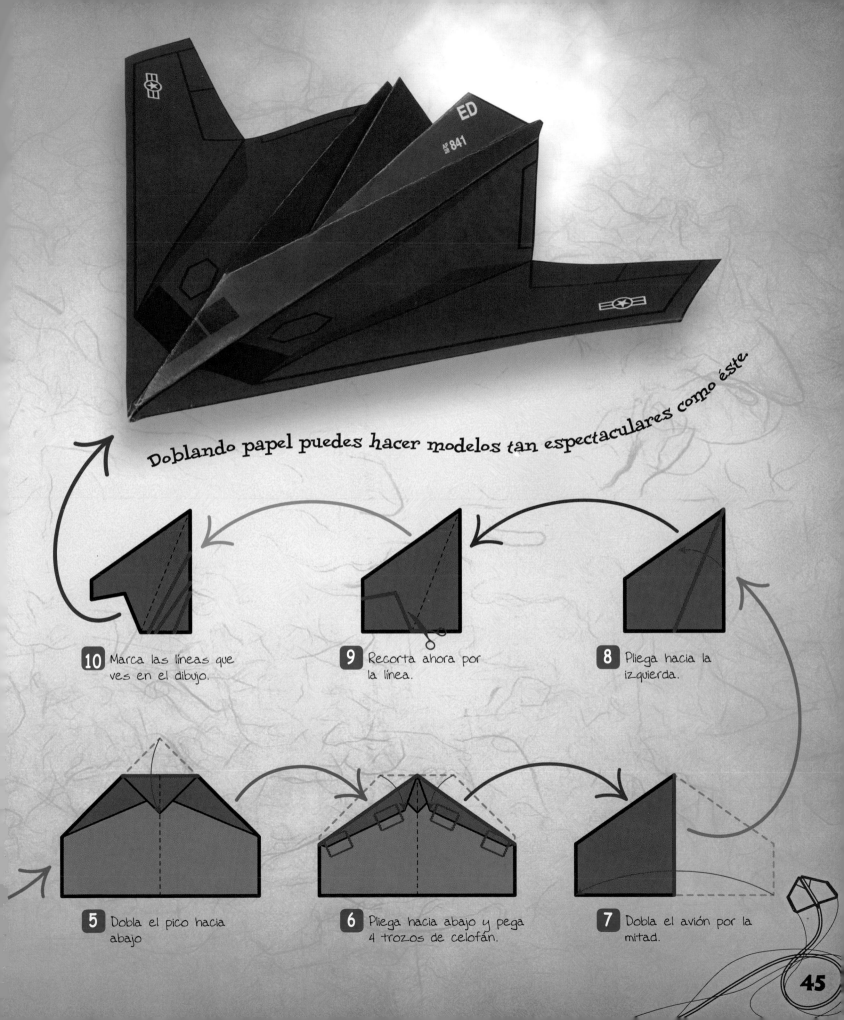

Doblando papel puedes hacer modelos tan espectaculares como éste.

10 Marca las líneas que ves en el dibujo.

9 Recorta ahora por la línea.

8 Pliega hacia la izquierda.

5 Dobla el pico hacia abajo

6 Pliega hacia abajo y pega 4 trozos de celofán.

7 Dobla el avión por la mitad.

Gastón

Especificaciones
Tipo: interceptor.
Vuelo: corto.
Tiempo de vuelo: corto.

Necesitas
· Papel cuadrado.
· Pinturas de colores.

1 Dobla por la mitad y desdobla.

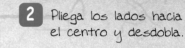

2 Pliega los lados hacia el centro y desdobla.

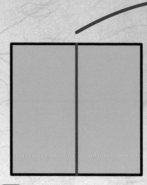

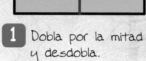

3 Pliega hasta las marcas y da la vuelta al papel.

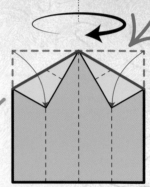

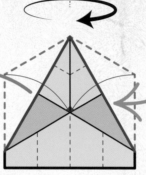

4 Pliega los extremos hacia el centro y dale la vuelta.

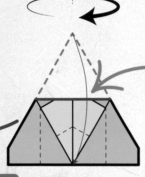

5 Dobla el pico hacia abajo y dale la vuelta.

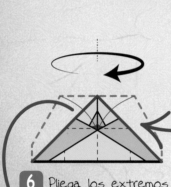

6 Pliega los extremos hacia el centro y dale la vuelta.

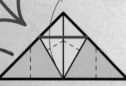

7 Dobla hacia arriba.

10 Dobla por la mitad.

11 Marca las líneas que ves en el dibujo.

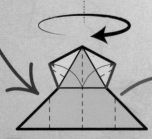

8 Abre el papel, marca y dale la vuelta.

9 Pliega hacia abajo y dale la vuelta.

Dobla las alas siempre por el mismo sitio de forma simétrica.

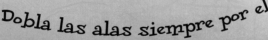

Blast

Especificaciones

Tipo: caza-planeador.
Vuelo: largo.
Tiempo de vuelo: medio.

Necesitas

- Papel cuadrado.
- Pinturas de colores.
- Celofán.

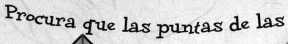 Procura que las puntas de las 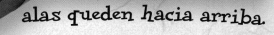 alas queden hacia arriba.

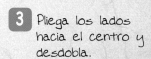

1 Dobla por la mitad y desdobla.

2 Dobla la esquina hacia arriba.

3 Pliega los lados hacia el centro y desdobla.

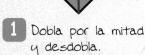 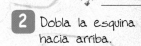

7 Dobla el pico hacia abajo y dale la vuelta.

6 Ahora dobla hacia el centro.

5 Pliega hacia las marcas otra vez.

4 Pliega los extremos hacia las marcas.

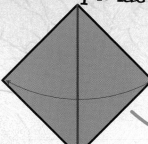 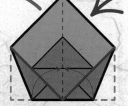  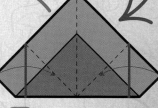

8 Dobla el papel por la mitad.

9 Pliega la punta hacia la derecha.

10 Pliega ahora hacia la izquierda.

11 Mete por dentro y pega dos trozos de celofán.

 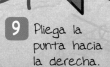 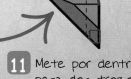

47

Jumbojet

Especificaciones
Tipo: interceptor.
Vuelo: corto.
Tiempo de vuelo: corto.

Necesitas
· Papel de 27 x 21 cm.
· Pinturas de colores.

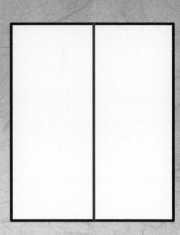

1 Dobla por la mitad y desdobla.

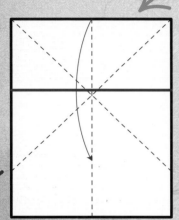

4 Dobla por la línea hacia abajo.

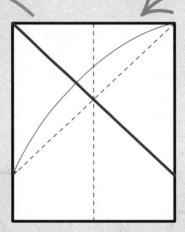

3 Ahora dobla en sentido contrario.

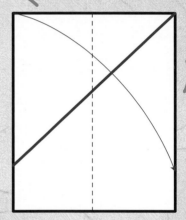

2 Dobla el extremo en diagonal.

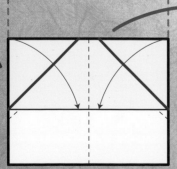

5 Pliega las esquinas hacia el centro y desdobla.

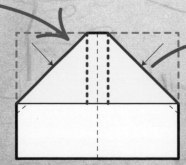

6 Mételas por dentro.

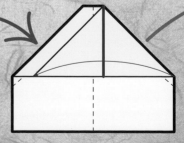

7 Dobla por la línea hacia la izquierda.

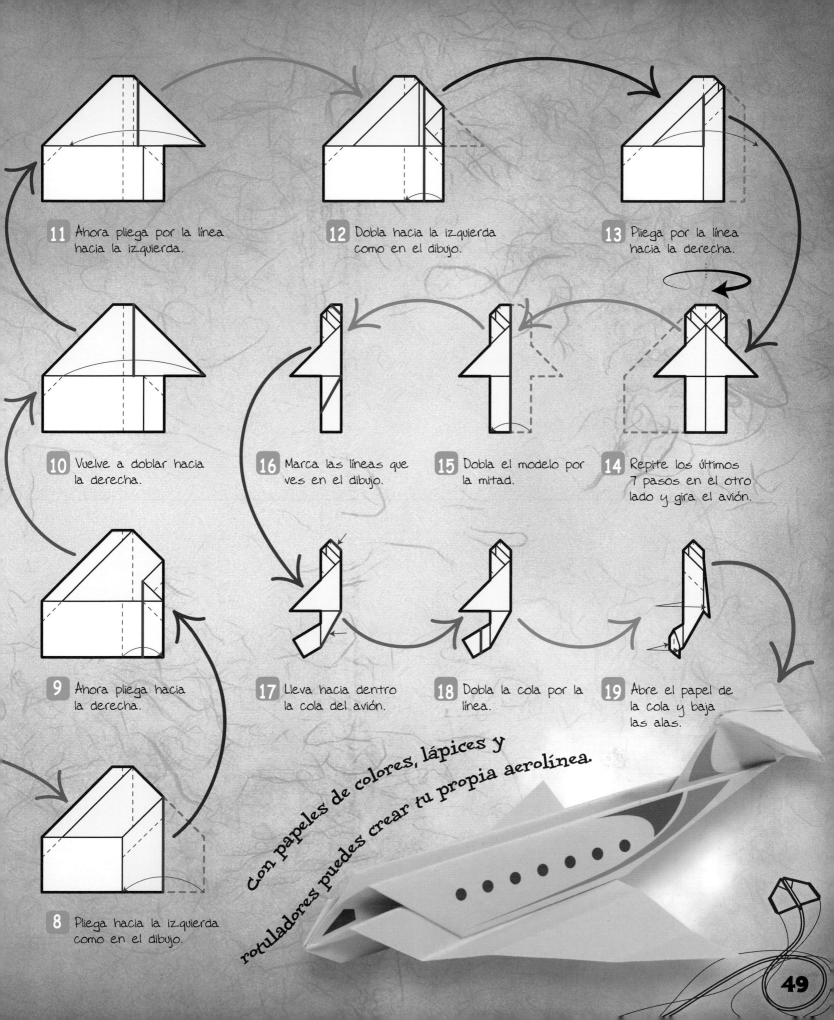

11 Ahora pliega por la línea hacia la izquierda.

12 Dobla hacia la izquierda como en el dibujo.

13 Pliega por la línea hacia la derecha.

10 Vuelve a doblar hacia la derecha.

16 Marca las líneas que ves en el dibujo.

15 Dobla el modelo por la mitad.

14 Repite los últimos 7 pasos en el otro lado y gira el avión.

9 Ahora pliega hacia la derecha.

17 Lleva hacia dentro la cola del avión.

18 Dobla la cola por la línea.

19 Abre el papel de la cola y baja las alas.

8 Pliega hacia la izquierda como en el dibujo.

Con papeles de colores, lápices y rotuladores puedes crear tu propia aerolínea.

Usa colores vivos en tus modelos

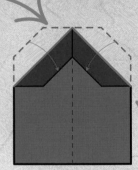

Especificaciones

Tipo: planeador.
Vuelo: largo.
Tiempo de vuelo: largo.

Necesitas

· Papel Din A4.
· Pinturas de colores.

para ver mejor sus vuelos.

1 Dobla por la mitad y desdobla.

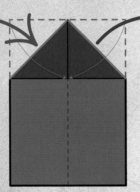

2 Pliega las esquinas hacia el centro.

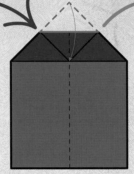

3 Dobla el pico hacia abajo.

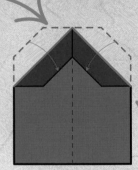

4 Pliega los lados hacia el centro.

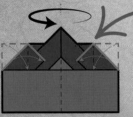

8 Desdobla y dobla como en el dibujo. Gira el avión.

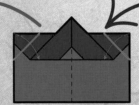

7 Dobla por las líneas hacia dentro.

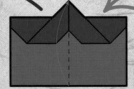

6 Ahora pliégala hacia arriba.

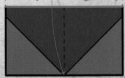

5 Dobla la punta hacia abajo.

9 Dobla el avión por la mitad.

10 Marca las líneas que ves en el dibujo.

11 Mete el pico hacia dentro y pliega el triangulito hacia la izquierda.

G-Dart

Especificaciones
Tipo: caza-interceptor.
Vuelo: medio.
Tiempo de vuelo: medio.

Necesitas
· Papel cuadrado.
· Pinturas de colores.

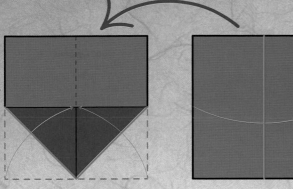 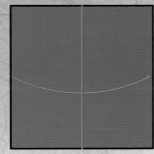

2 Pliega los lados hacia el centro.

1 Dobla por la mitad y desdobla.

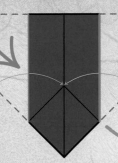 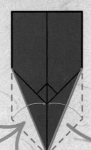 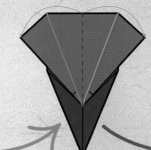 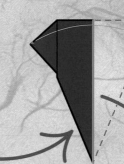

3 Vuelve a plegar hacia el centro.

4 Dobla hacia el centro otra vez.

5 Abre el papel y pliega hacia fuera.

6 Ahora dobla por la mitad.

10 Pliega los lados hacia la derecha.

9 Desdobla y dobla hacia dentro, como en el dibujo.

8 Dobla hacia la derecha.

7 Dobla por la línea hacia la izquierda.

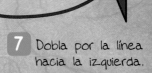

Desmonta el avión, pinta tu diseño y móntalo de nuevo.

51

Firefighter

Especificaciones
Tipo: interceptor.
Vuelo: corto.
Tiempo de vuelo: corto.

Necesitas
· Papel cuadrado.
· Pinturas de colores.

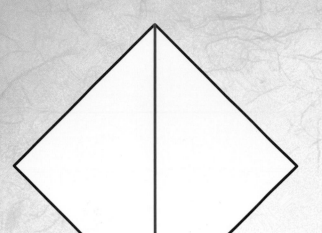

1 Dobla por la mitad y desdobla.

Recuerda: este diseño puedes dibujarlo tú o descargártelo en:
www.editorialsusaeta.com/pf

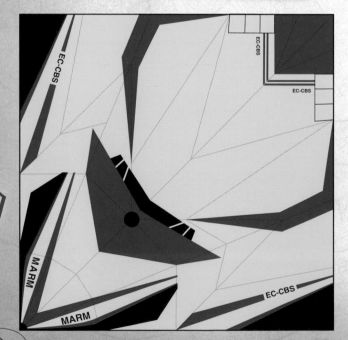

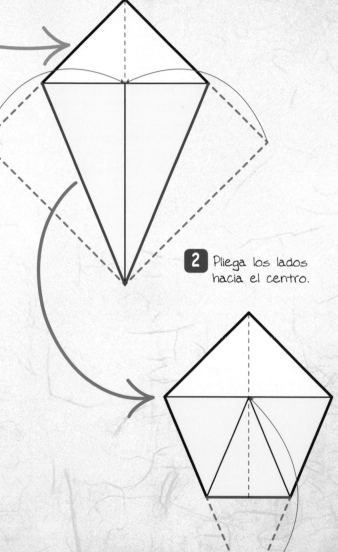

2 Pliega los lados hacia el centro.

3 Dobla el pico hacia arriba.

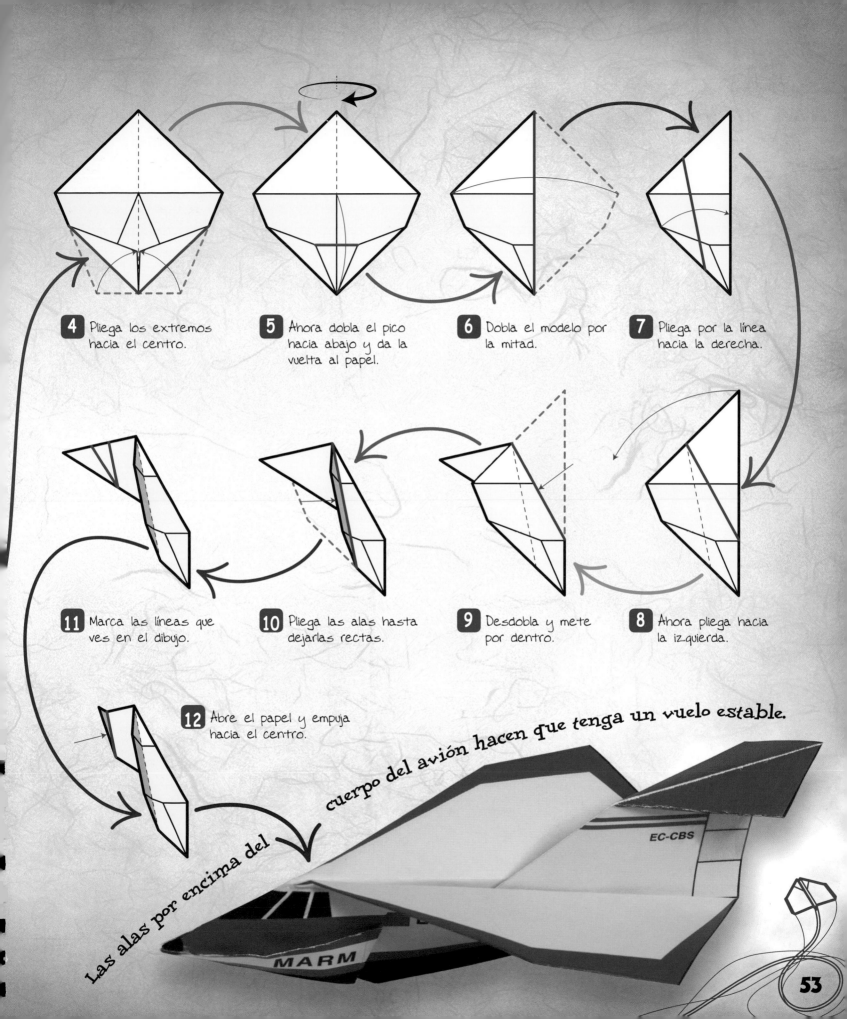

4 Pliega los extremos hacia el centro.

5 Ahora dobla el pico hacia abajo y da la vuelta al papel.

6 Dobla el modelo por la mitad.

7 Pliega por la línea hacia la derecha.

11 Marca las líneas que ves en el dibujo.

10 Pliega las alas hasta dejarlas rectas.

9 Desdobla y mete por dentro.

8 Ahora pliega hacia la izquierda.

12 Abre el papel y empuja hacia el centro.

Las alas por encima del cuerpo del avión hacen que tenga un vuelo estable.

EC-CBS

MARM

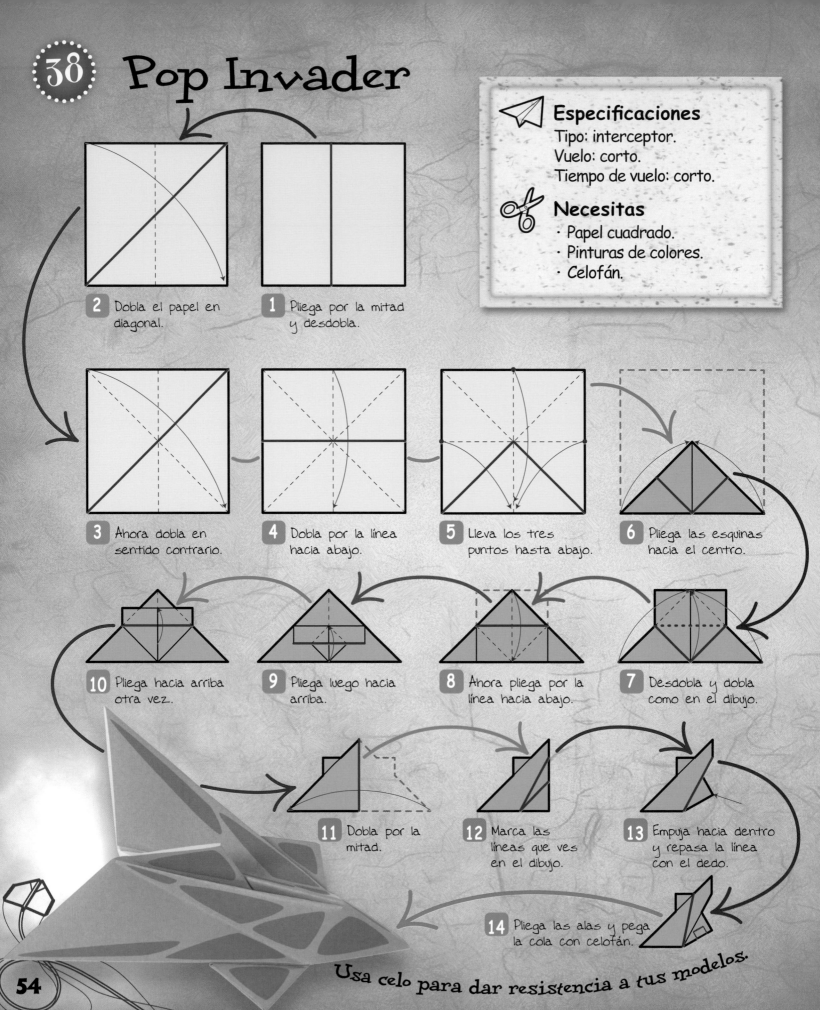

Pop Invader

38

Especificaciones
Tipo: interceptor.
Vuelo: corto.
Tiempo de vuelo: corto.

Necesitas
· Papel cuadrado.
· Pinturas de colores.
· Celofán.

2 Dobla el papel en diagonal.

1 Pliega por la mitad y desdobla.

3 Ahora dobla en sentido contrario.

4 Dobla por la línea hacia abajo.

5 Lleva los tres puntos hasta abajo.

6 Pliega las esquinas hacia el centro.

10 Pliega hacia arriba otra vez.

9 Pliega luego hacia arriba.

8 Ahora pliega por la línea hacia abajo.

7 Desdobla y dobla como en el dibujo.

11 Dobla por la mitad.

12 Marca las líneas que ves en el dibujo.

13 Empuja hacia dentro y repasa la línea con el dedo.

14 Pliega las alas y pega la cola con celofán.

Usa celo para dar resistencia a tus modelos.

54

Especificaciones

Tipo: planeador.
Vuelo: largo.
Tiempo de vuelo: largo.

Necesitas

· Papel cuadrado.
· Pinturas de colores.

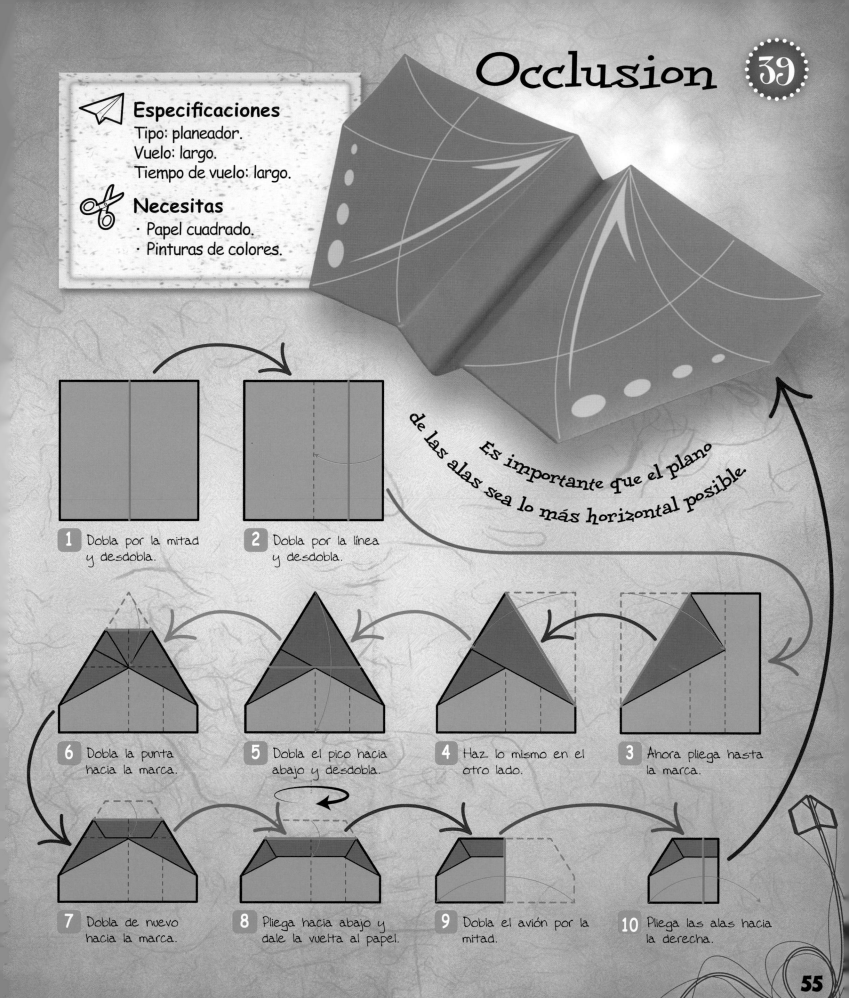

Es importante que el plano de las alas sea lo más horizontal posible.

1 Dobla por la mitad y desdobla.

2 Dobla por la línea y desdobla.

3 Ahora pliega hasta la marca.

4 Haz lo mismo en el otro lado.

5 Dobla el pico hacia abajo y desdobla.

6 Dobla la punta hacia la marca.

7 Dobla de nuevo hacia la marca.

8 Pliega hacia abajo y dale la vuelta al papel.

9 Dobla el avión por la mitad.

10 Pliega las alas hacia la derecha.

Swordsman

Especificaciones

Tipo: caza-interceptor.
Vuelo: medio.
Tiempo de vuelo: medio.

Necesitas

· Papel cuadrado.
· Pinturas de colores.
· Celofán.

1 Dobla por la mitad y desdobla.

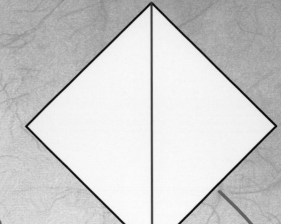

2 Lleva los extremos hacia el centro.

3 Ahora pliega las puntas hacia fuera.

4 Mete los picos por dentro y marca la esquina inferior.

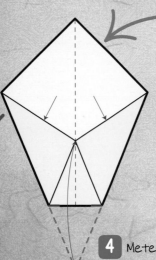

5 Dobla por la línea hacia la izquierda.

6 Ahora dobla hacia la derecha.

7 Mete por detrás y dobla la punta.

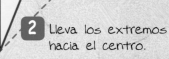

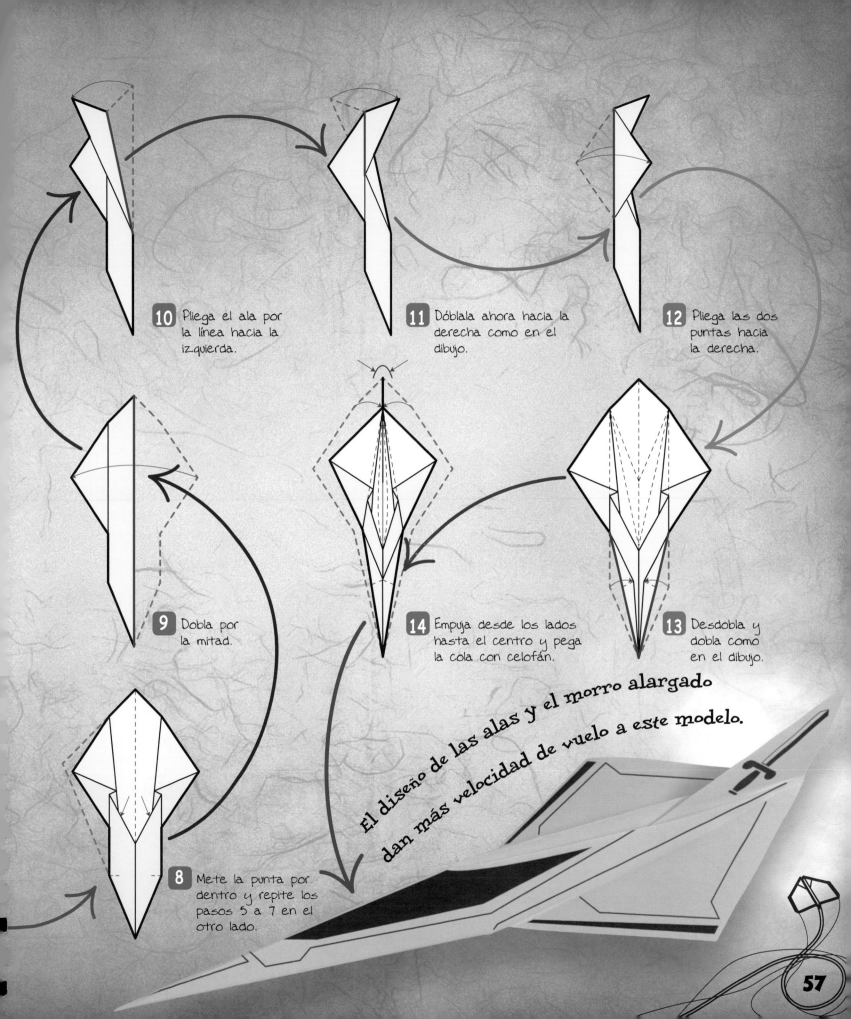

10 Pliega el ala por la línea hacia la izquierda.

11 Dóblala ahora hacia la derecha como en el dibujo.

12 Pliega las dos puntas hacia la derecha.

9 Dobla por la mitad.

14 Empuja desde los lados hasta el centro y pega la cola con celofán.

13 Desdobla y dobla como en el dibujo.

8 Mete la punta por dentro y repite los pasos 5 a 7 en el otro lado.

El diseño de las alas y el morro alargado dan más velocidad de vuelo a este modelo.

Especificaciones
Tipo: interceptor.
Vuelo: corto.
Tiempo de vuelo: corto.

Necesitas
· Papel Din A4.
· Pinturas de colores.

1 Dobla por la mitad y desdobla.

2 Pliega los lados hacia el centro y marca sólo las líneas.

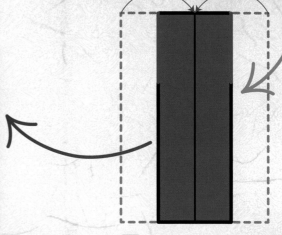

3 Desdobla y dobla hacia las marcas.

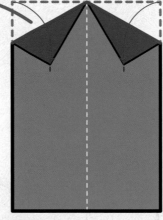

4 Pliega los lados hacia el centro.

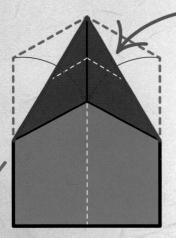

5 Dobla hacia el centro otra vez.

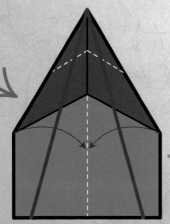

6 Marca las líneas que ves en el dibujo.

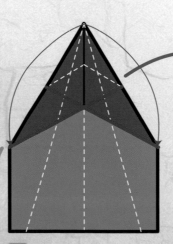

7 Lleva los puntos hasta donde te indican las flechas.

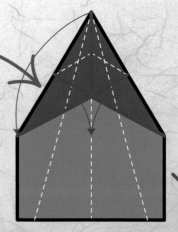

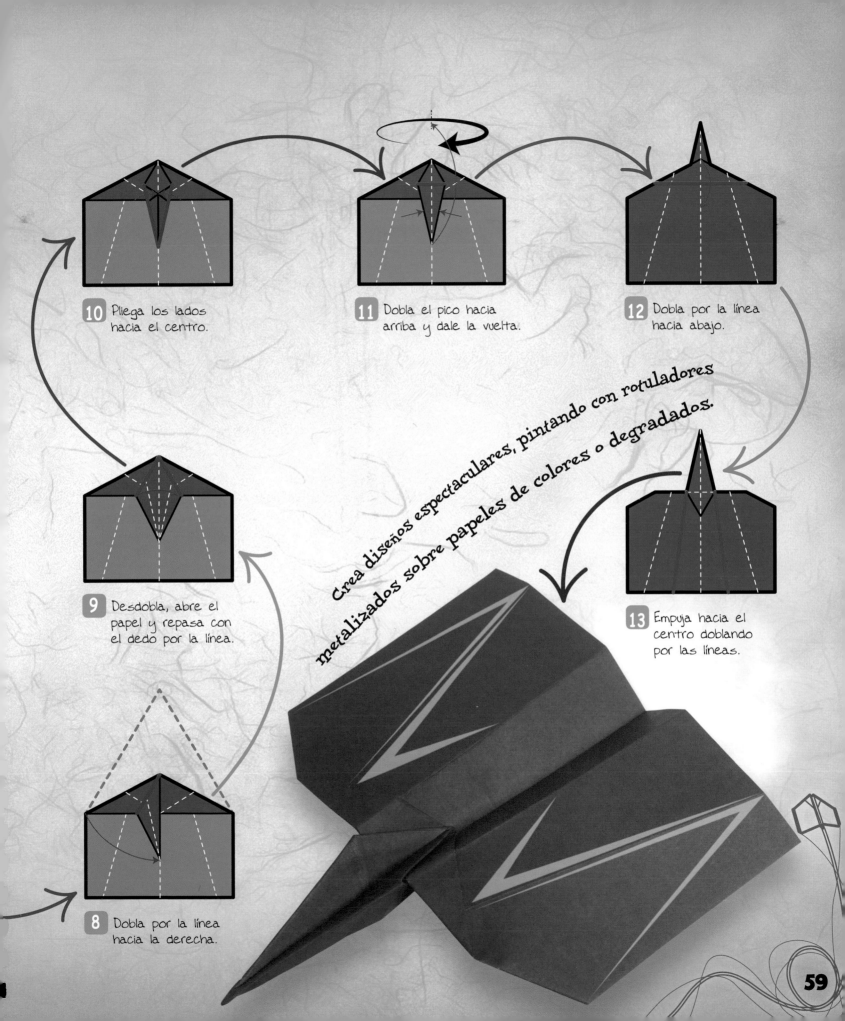

10 Pliega los lados hacia el centro.

11 Dobla el pico hacia arriba y dale la vuelta.

12 Dobla por la línea hacia abajo.

9 Desdobla, abre el papel y repasa con el dedo por la línea.

Crea diseños espectaculares, pintando con rotuladores metalizados sobre papeles de colores o degradados.

13 Empuja hacia el centro doblando por las líneas.

8 Dobla por la línea hacia la derecha.

42 Parole

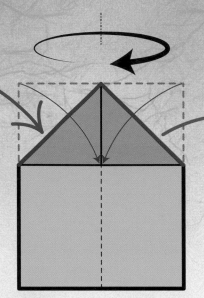

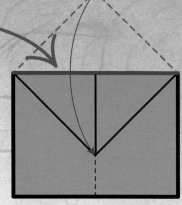

1 Dobla por la mitad y desdobla.

2 Pliega las esquinas hacia el centro y dale la vuelta al papel.

3 Dobla el pico hacia abajo y dale la vuelta al papel.

Recuerda: este diseño puedes dibujarlo tú o descargártelo en: **www.editorialsusaeta.com/pf**

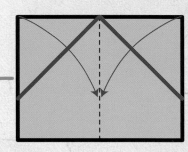

4 Pliega las esquinas hacia el centro y desdobla.

5 Pliega las puntas hasta las marcas.

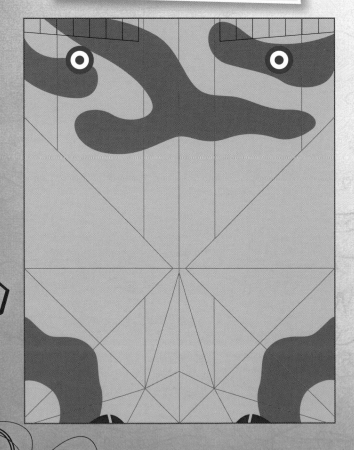

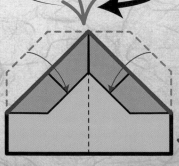

6 Pliega hasta las marcas y dale la vuelta al papel.

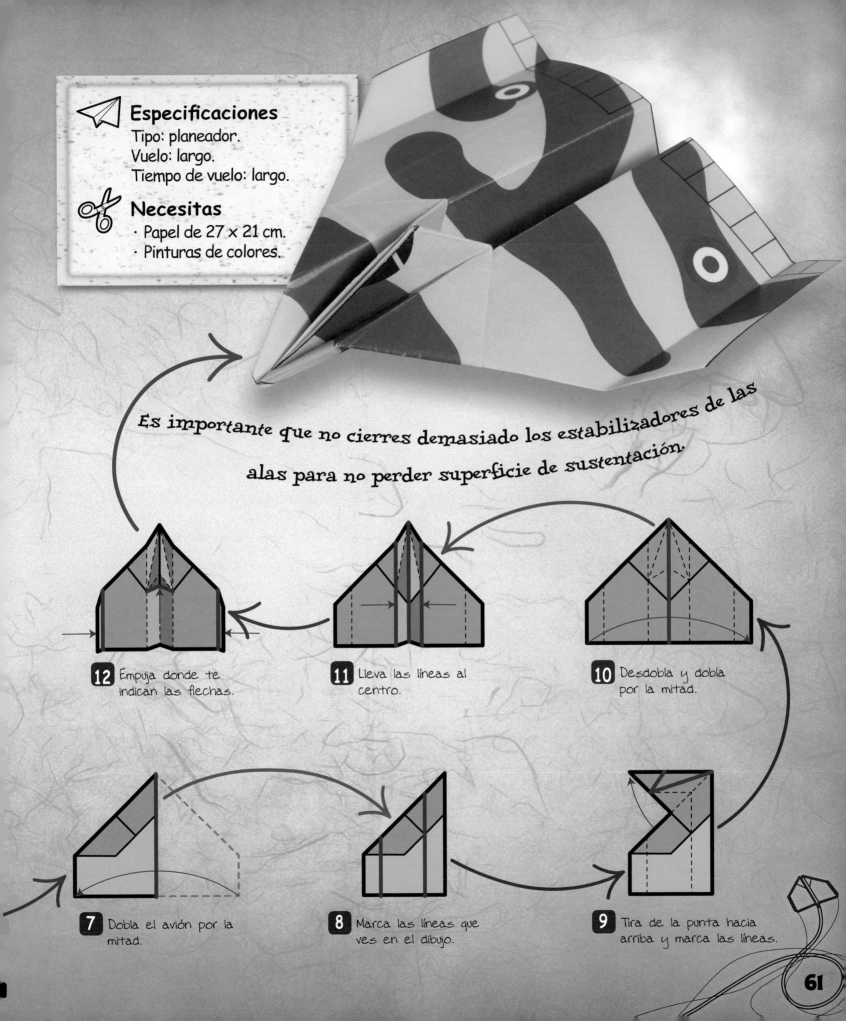

Especificaciones

Tipo: planeador.
Vuelo: largo.
Tiempo de vuelo: largo.

Necesitas

· Papel de 27 x 21 cm.
· Pinturas de colores.

Es importante que no cierres demasiado los estabilizadores de las alas para no perder superficie de sustentación.

12 Empuja donde te indican las flechas.

11 Lleva las líneas al centro.

10 Desdobla y dobla por la mitad.

7 Dobla el avión por la mitad.

8 Marca las líneas que ves en el dibujo.

9 Tira de la punta hacia arriba y marca las líneas.

Fourdrone

Especificaciones
Tipo: planeador.
Vuelo: largo.
Tiempo de vuelo: largo.

Necesitas
· Papel Din A4.
· Pinturas de colores.

2 Pliega las esquinas hacia el centro.

1 Dobla por la mitad y desdobla.

3 Dobla el pico hacia abajo y desdobla.

4 Vuelve a plegar el pico hasta la marca.

5 Dobla hacia abajo otra vez.

6 Pliega los lados como en el dibujo.

Puedes decorar las alas con dibujos de tus personajes favoritos o inventarte uno.

8 Dobla los dos picos hacia arriba.

7 Dobla el pico hacia abajo.

9 Dobla las esquinas hacia dentro.

10 Pliega por la línea hacia abajo.

12 Marca las líneas que ves en el dibujo.

11 Dobla por la mitad.

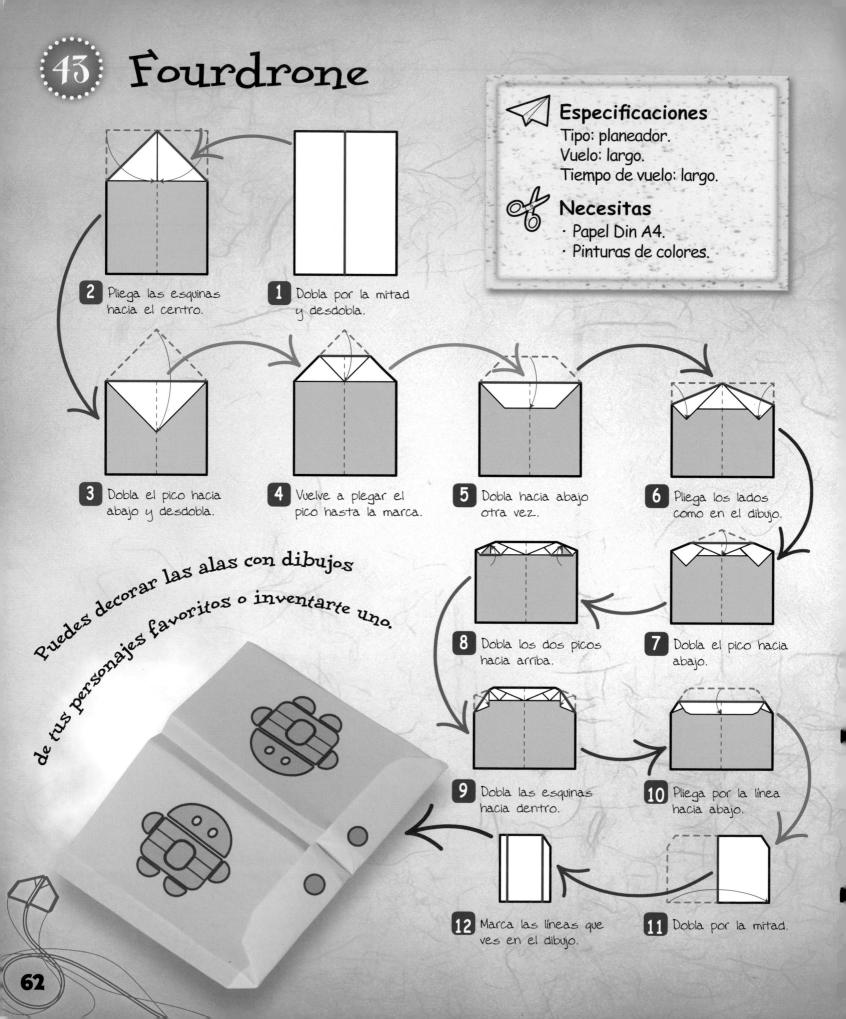

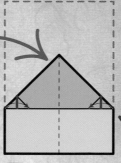

1 Dobla en diagonal.

2 Ahora dobla en sentido contrario.

3 Dobla por la línea hacia abajo.

4 Lleva los tres puntos donde te indica el dibujo.

5 Pliega los lados como en el dibujo

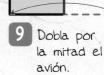

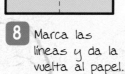

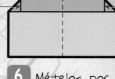

10 Recorta por la línea.

9 Dobla por la mitad el avión.

8 Marca las líneas y da la vuelta al papel.

7 Ahora pliega hacia arriba.

6 Métvelos por dentro.

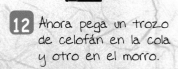

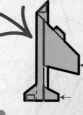

11 Pliega las alas hacia la derecha.

12 Ahora pega un trozo de celofán en la cola y otro en el morro.

13 Pliega los motores hacia dentro.

14 Marca las líneas y levanta los lados de la cola y las alas.

Especificaciones
Tipo: interceptor.
Vuelo: corto.
Tiempo de vuelo: corto.

Necesitas
· Papel Din A4.
· Pinturas de colores.
· Tijeras.
· Celofán.

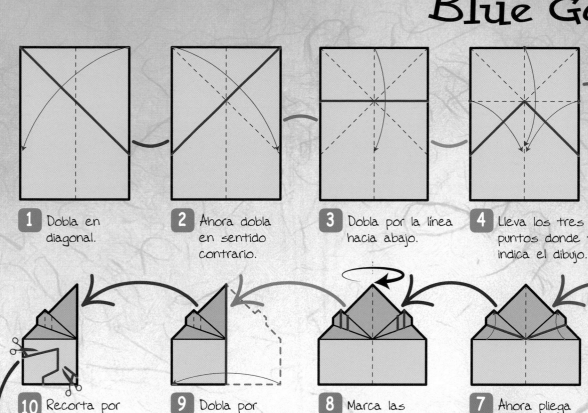

Sube las puntas de las alas.

X-Fighter

45

 Especificaciones
Tipo: planeador.
Vuelo: largo.
Tiempo de vuelo: largo.

Necesitas
· Papel Din A4.
· Pinturas de colores.
· Tijeras.
· Celofán.

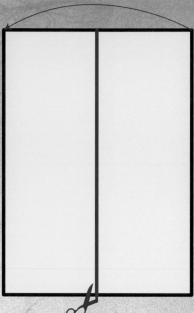

1 Dobla por la mitad y corta con unas tijeras.

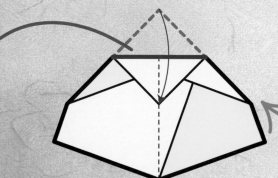

5 Dobla el pico hacia abajo.

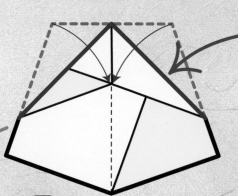

4 Lleva las esquinas hacia el centro.

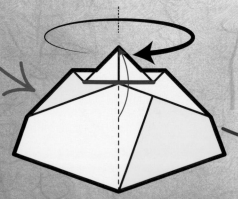

6 Ahora pliégalo hacia arriba y dale la vuelta.

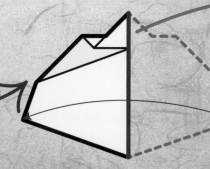

7 Dobla el avión por la mitad.

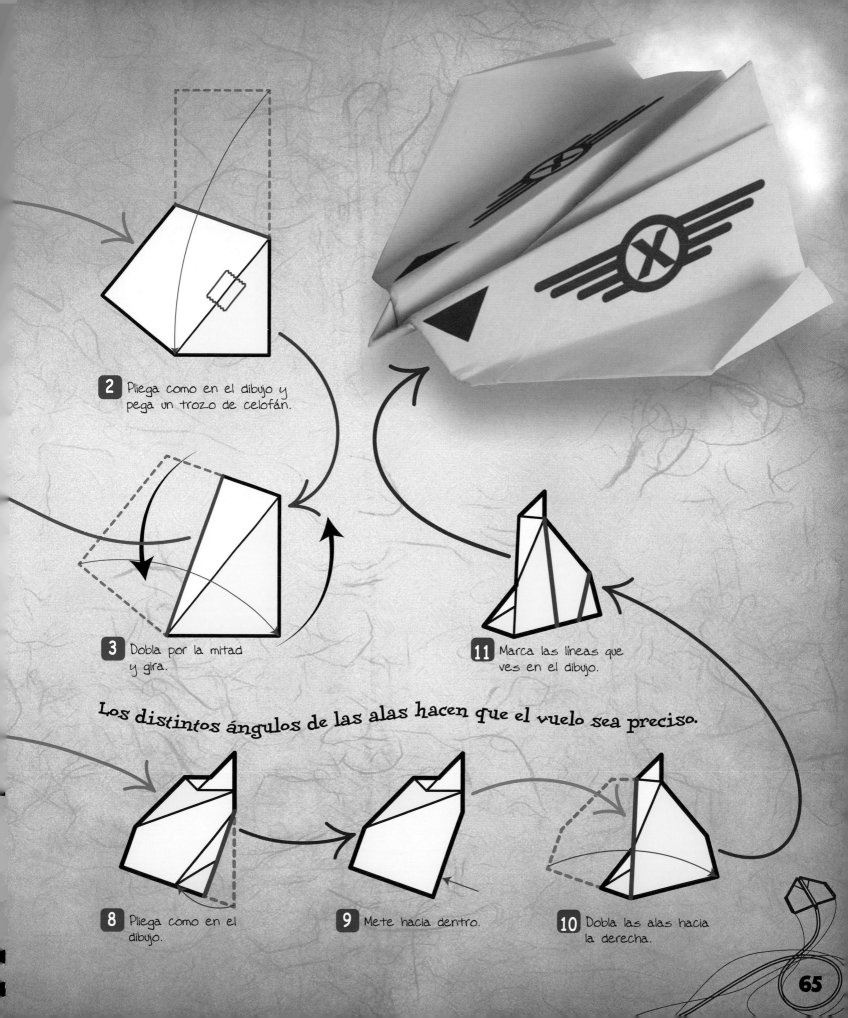

2 Pliega como en el dibujo y pega un trozo de celofán.

3 Dobla por la mitad y gira.

11 Marca las líneas que ves en el dibujo.

Los distintos ángulos de las alas hacen que el vuelo sea preciso.

8 Pliega como en el dibujo.

9 Mete hacia dentro.

10 Dobla las alas hacia la derecha.

65

Blue Bat

Especificaciones

Tipo: planeador.
Vuelo: largo.
Tiempo de vuelo: largo.

Necesitas

· Papel Din A4.
· Pinturas de colores.
· Tijeras.

1 Dobla por la mitad y desdobla.

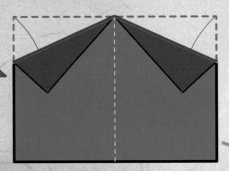

2 Pliega hacia abajo como en el dibujo.

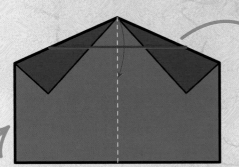

3 Dobla el pico hacia abajo.

4 Pliega por las líneas hacia abajo.

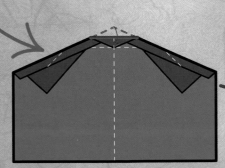

5 Dobla el pico hacia abajo.

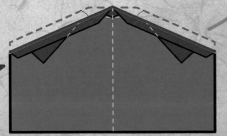

6 Pliega por las líneas hacia abajo.

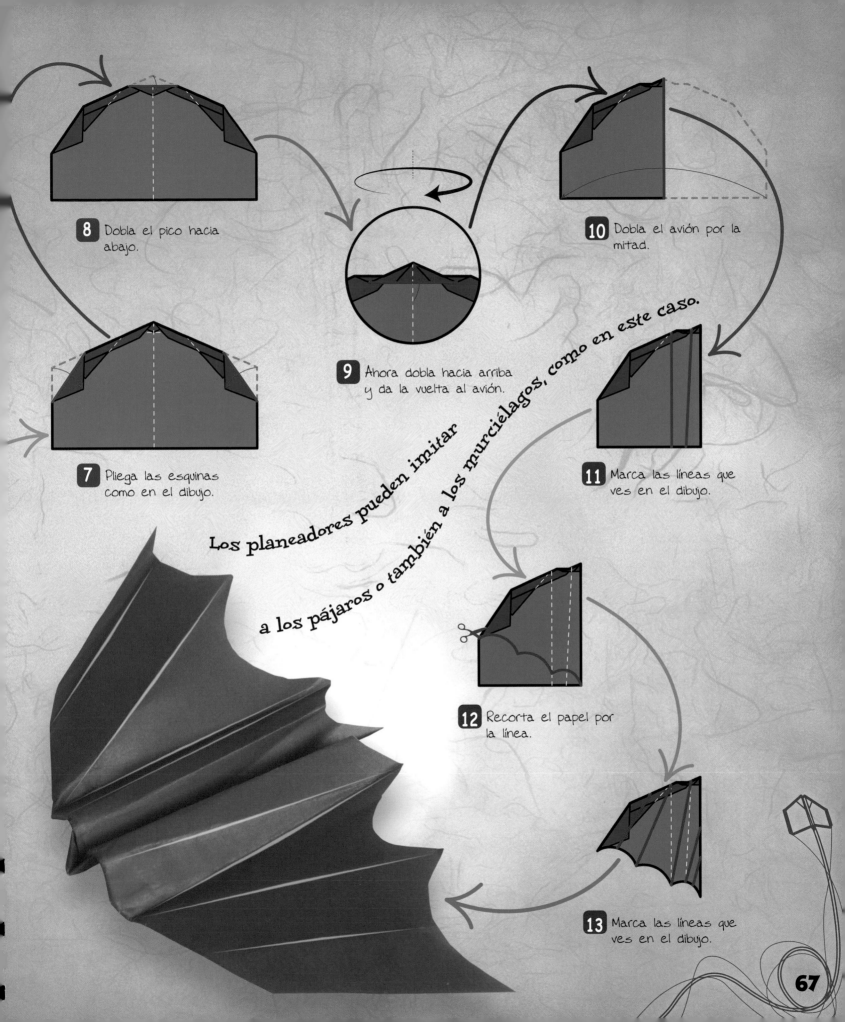

8 Dobla el pico hacia abajo.

9 Ahora dobla hacia arriba y da la vuelta al avión.

10 Dobla el avión por la mitad.

7 Pliega las esquinas como en el dibujo.

Los planeadores pueden imitar a los pájaros o también a los murciélagos, como en este caso.

11 Marca las líneas que ves en el dibujo.

12 Recorta el papel por la línea.

13 Marca las líneas que ves en el dibujo.

Racom

Especificaciones

Tipo: caza-planeador.
Vuelo: largo.
Tiempo de vuelo: medio.

Necesitas

- Papel de 27 x 21 cm.
- Pinturas de colores.
- Tijeras.

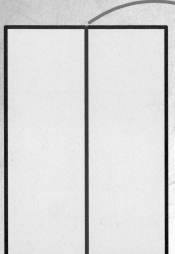

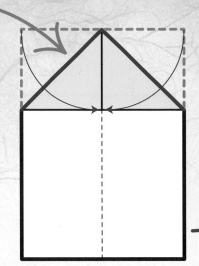

1 Dobla por la mitad y desdobla.

2 Lleva las esquinas hacia el centro.

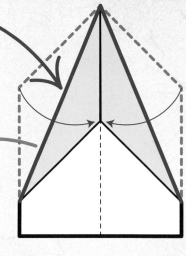

3 Pliega hacia el centro como en el dibujo.

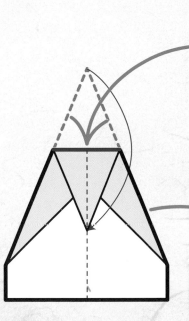

4 Dobla el pico hacia abajo.

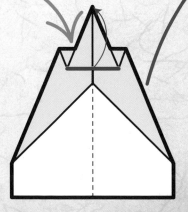

5 Ahora dóblalo hacia arriba.

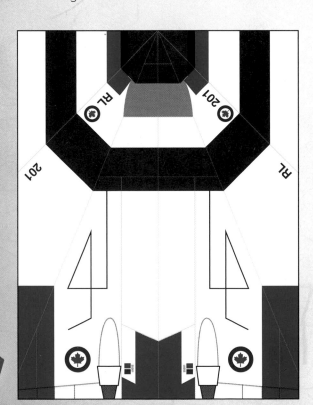

Recuerda: este diseño puedes dibujarlo tú o descargártelo en:
www.editorialsusaeta.com/pf

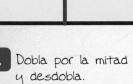

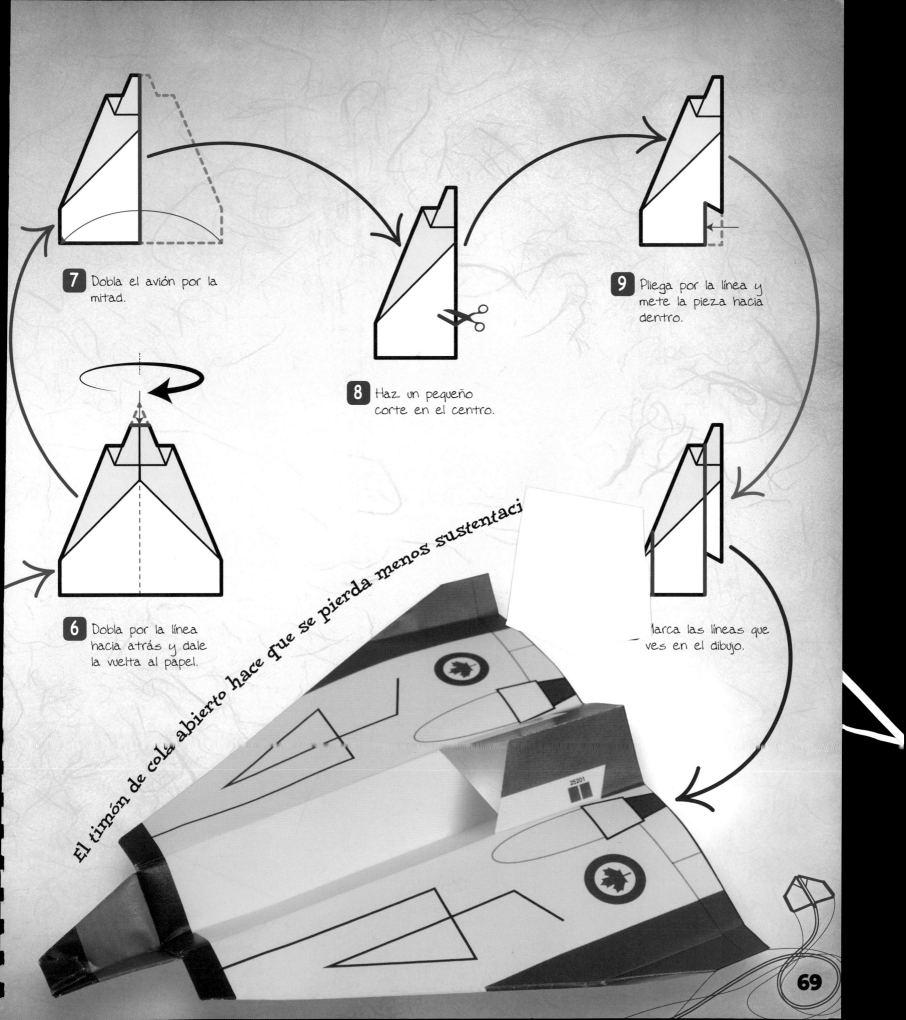

7 Dobla el avión por la mitad.

8 Haz un pequeño corte en el centro.

9 Pliega por la línea y mete la pieza hacia dentro.

6 Dobla por la línea hacia atrás y dale la vuelta al papel.

Marca las líneas que ves en el dibujo.

El timón de cola abierto hace que se pierda menos sustentaci...

25201

48 Green Wave

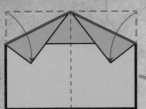

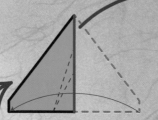

3 Dobla las esquinas hacia abajo.

8 Dobla por la mitad en sentido contrario.

9 Pliega como en el dibujo.

4 Pliega como en el dibujo y dale la vuelta al papel.

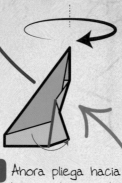

2 Pliega hacia la mitad de la hoja.

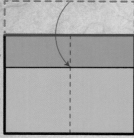

7 Ahora pliega hacia la derecha y dale la vuelta al papel.

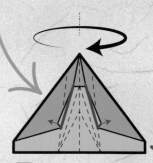

10 Dobla las alas hacia la derecha.

5 Dobla el avión por la mitad.

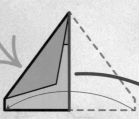

1 Dobla por la mitad, marca y desdobla.

6 Pliega hacia la izquierda.

11 Desdobla y dobla como en el dibujo. Dale la vuelta.

Especificaciones
Tipo: interceptor.
Vuelo: corto.
Tiempo de vuelo: corto.

Necesitas
· Papel cuadrado.
· Pinturas de colores.
· Celofán.

12 Empuja hacia el centro y pega un trozo de celofán.

Pinta el avión antes de poner el celofán.

Blue Orbit

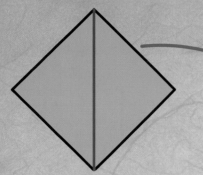

1 Dobla por la mitad y desdobla.

2 Pliega los extremos hacia el centro.

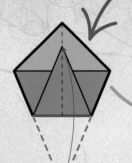

3 Dobla el pico hacia arriba.

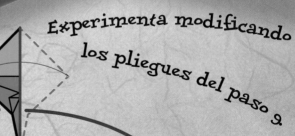

Especificaciones

Tipo: interceptor.
Vuelo: corto.
Tiempo de vuelo: corto.

Necesitas

· Papel cuadrado.
· Pinturas de colores.

4 Pliega los lados hacia el centro.

5 Mete las puntas por detrás.

6 Dobla el pico hacia abajo.

7 Pliega los lados hacia el centro y dale la vuelta.

Experimenta modificando los pliegues del paso 9.

8 Dobla el avión por la mitad.

9 Marca las líneas que ves en el dibujo.

Especificaciones
Tipo: planeador.
Vuelo: largo.
Tiempo de vuelo: largo.

Necesitas
· Papel Din A4.
· Pinturas de colores.

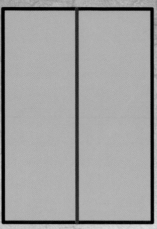

1 Dobla por la mitad y desdobla.

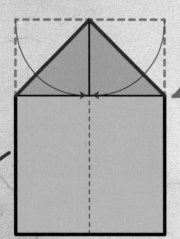

2 Pliega las esquinas hacia el centro.

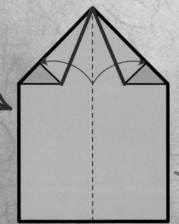

3 Ahora dobla hacia el borde.

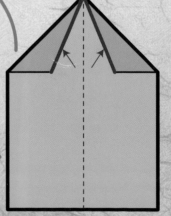

4 Mete las puntas por detrás.

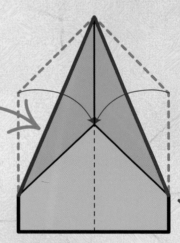

5 Pliega las esquinas hacia el centro.

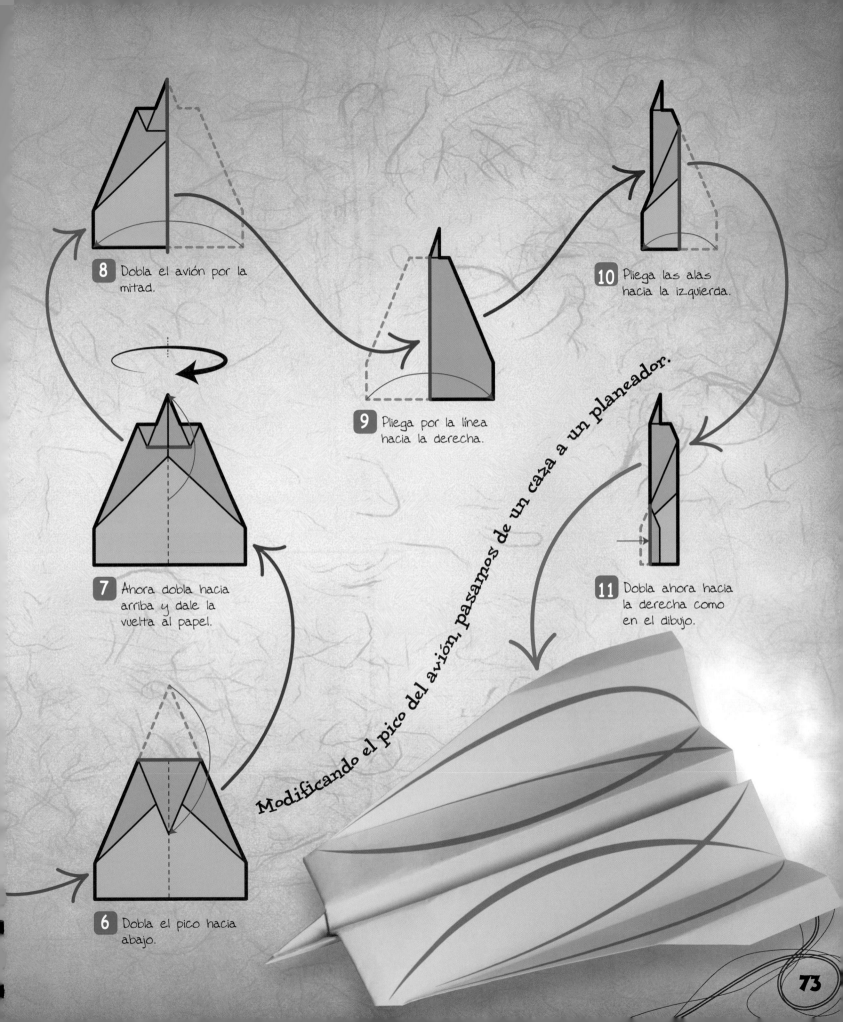

8 Dobla el avión por la mitad.

9 Pliega por la línea hacia la derecha.

10 Pliega las alas hacia la izquierda.

7 Ahora dobla hacia arriba y dale la vuelta al papel.

11 Dobla ahora hacia la derecha como en el dibujo.

6 Dobla el pico hacia abajo.

Modificando el pico del avión, pasamos de un caza a un planeador.

51 V-Flier

 Especificaciones
Tipo: planeador.
Vuelo: largo.
Tiempo de vuelo: largo.

 Necesitas
· Papel cuadrado.
· Pinturas de colores.
· Celofán.

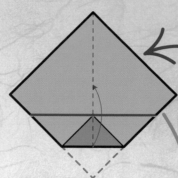

4 Dobla por la línea hacia arriba.

3 Dobla hacia la marca.

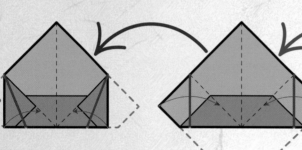

7 Dobla hacia el centro como en el dibujo.

6 Ahora dobla hacia la marca.

5 Pliega los lados y desdobla.

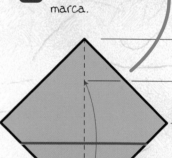

2 Pliega hacia arriba y desdobla.

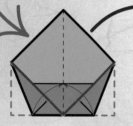

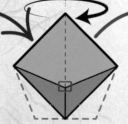

8 Dobla hacia el centro otra vez.

9 Pega celofán en el centro y dale la vuelta.

10 Dobla por la mitad.

No levantes demasiado los flaps.

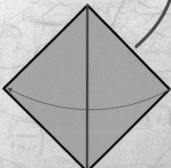

11 Marca las líneas que ves en el dibujo.

1 Dobla por la mitad y desdobla.

74

Especificaciones

Tipo: interceptor.
Vuelo: corto.
Tiempo de vuelo: corto.

Necesitas

· Papel cuadrado.
· Pinturas de colores.
· Celofán.

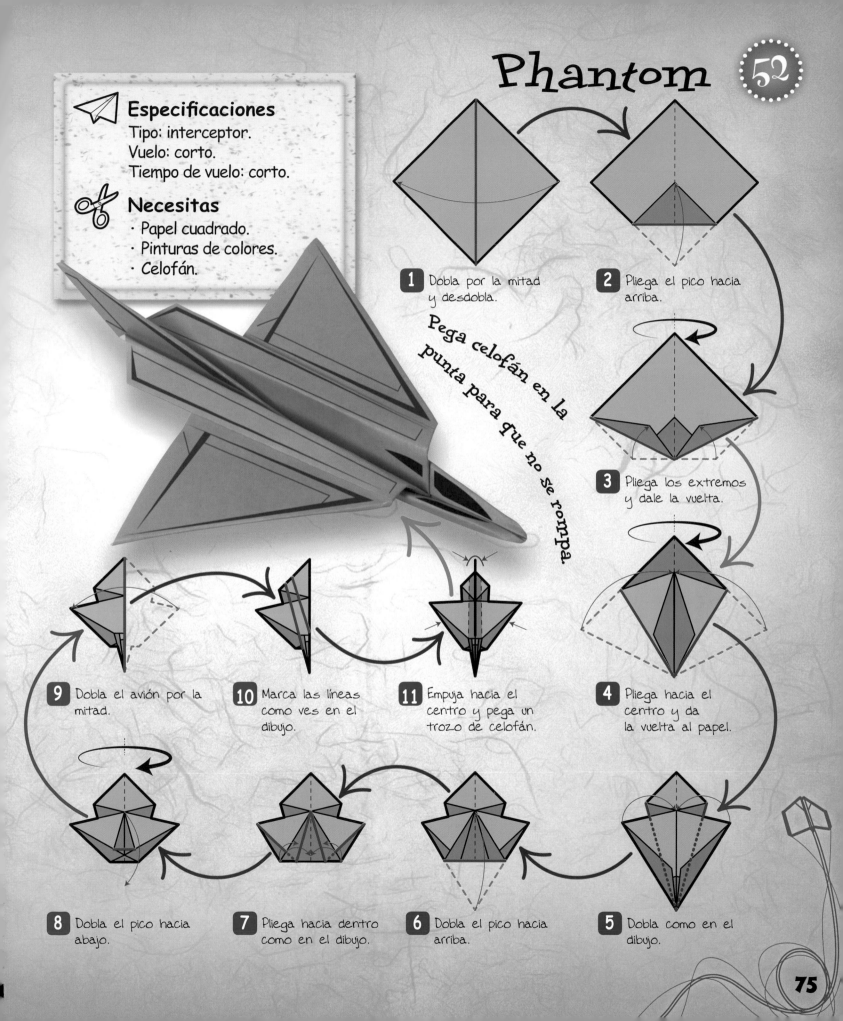

Pega celofán en la punta para que no se rompa.

1 Dobla por la mitad y desdobla.

2 Pliega el pico hacia arriba.

3 Pliega los extremos y dale la vuelta.

4 Pliega hacia el centro y da la vuelta al papel.

5 Dobla como en el dibujo.

6 Dobla el pico hacia arriba.

7 Pliega hacia dentro como en el dibujo.

8 Dobla el pico hacia abajo.

9 Dobla el avión por la mitad.

10 Marca las líneas como ves en el dibujo.

11 Empuja hacia el centro y pega un trozo de celofán.

Saturn

Recuerda: este diseño puedes dibujarlo tú o descargártelo en: www.editorialsusaeta.com/pf

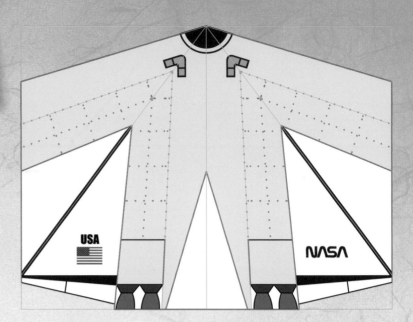

1 Dobla por la mitad.

2 Pliega hacia la izquierda como en el dibujo.

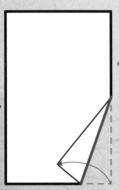

3 Desdobla y mete por dentro.

4 Ahora pliega hacia la derecha.

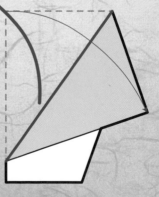

5 Dobla por la línea hacia la izquierda

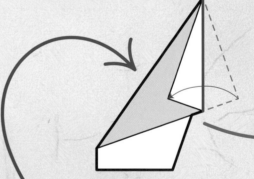

7 Dobla por la línea hacia la derecha.

8 Ahora recorta por donde te indica el dibujo.

9 Dobla las dos alas hacia la izquierda.

6 Desdobla y mete por dentro.

Recortando con las tijeras, puedes dar formas muy diferentes a las alas.

10 Empuja hacia el centro y sujeta con un trozo de celofán.

Especificaciones
Tipo: caza-planeador.
Vuelo: largo.
Tiempo de vuelo: medio.

Necesitas
· Papel de 27 x 21 cm.
· Pinturas de colores.
· Tijeras.
· Celofán.

NASA

USA

Especificaciones

Tipo: interceptor.
Vuelo: corto.
Tiempo de vuelo: corto.

Necesitas

- Papel cuadrado.
- Pinturas de colores.
- Tijeras.
- Celofán.
- Plastilina.

3 Dobla el pico hacia abajo.

4 Ahora dobla hacia arriba.

2 Dibuja un patrón, recorta y desdobla.

5 Dobla el avión por la mitad.

8 Marca como en el dibujo.

9 Desdobla y mete hacia dentro.

1 Dobla por la mitad.

6 Pliega por la línea hacia la derecha.

7 Ahora dobla hacia la izquierda.

10 Coloca un trozo de plastilina dentro de la cabina.

Los miniaviones necesitan un poco de plastilina.

11 Empuja hacia dentro y sujeta con dos trozos de celofán.

Especificaciones

Tipo: interceptor.
Vuelo: corto.
Tiempo de vuelo: corto.

Necesitas

· Papel cuadrado.
· Pinturas de colores.
· Tijeras.
· Celofán.
· Plastilina.

9 Desdobla y mete hacia dentro.

10 Coloca un trozo de plastilina en la cabina.

8 Pliega como en el dibujo.

11 Empuja hacia dentro y sujeta con dos trozos de celofán.

4 Ahora dóblalo hacia arriba.

5 Dobla el avión por la mitad.

7 Ahora dobla hacia la izquierda.

6 Dobla por las líneas hacia la derecha.

3 Dobla el pico hacia abajo.

12 Marca las líneas y empuja hacia dentro.

2 Dibuja un patrón, recorta y desdobla.

1 Dobla el papel por la mitad.

Thunder

Especificaciones
Tipo: planeador.
Vuelo: largo.
Tiempo de vuelo: largo.

Necesitas
- Papel cuadrado.
- Pinturas de colores.
- Tijeras.
- Celofán.

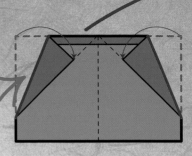

7 Ahora pliega hasta la marca.

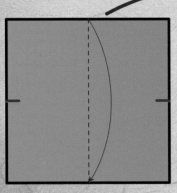

2 Dobla hacia abajo y marca sólo por las líneas.

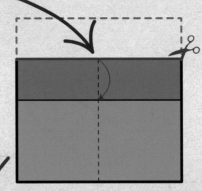

3 Pliega hasta las marcas y recorta por la línea.

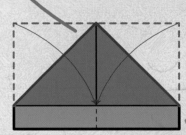

6 Lleva las esquinas hacia el centro y desdobla.

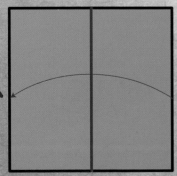

1 Dobla por la mitad y desdobla.

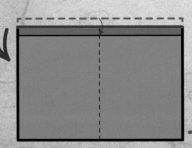

4 Pliega por la línea hacia abajo.

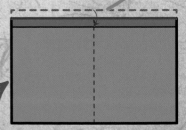

5 Pliega otra vez por la línea.

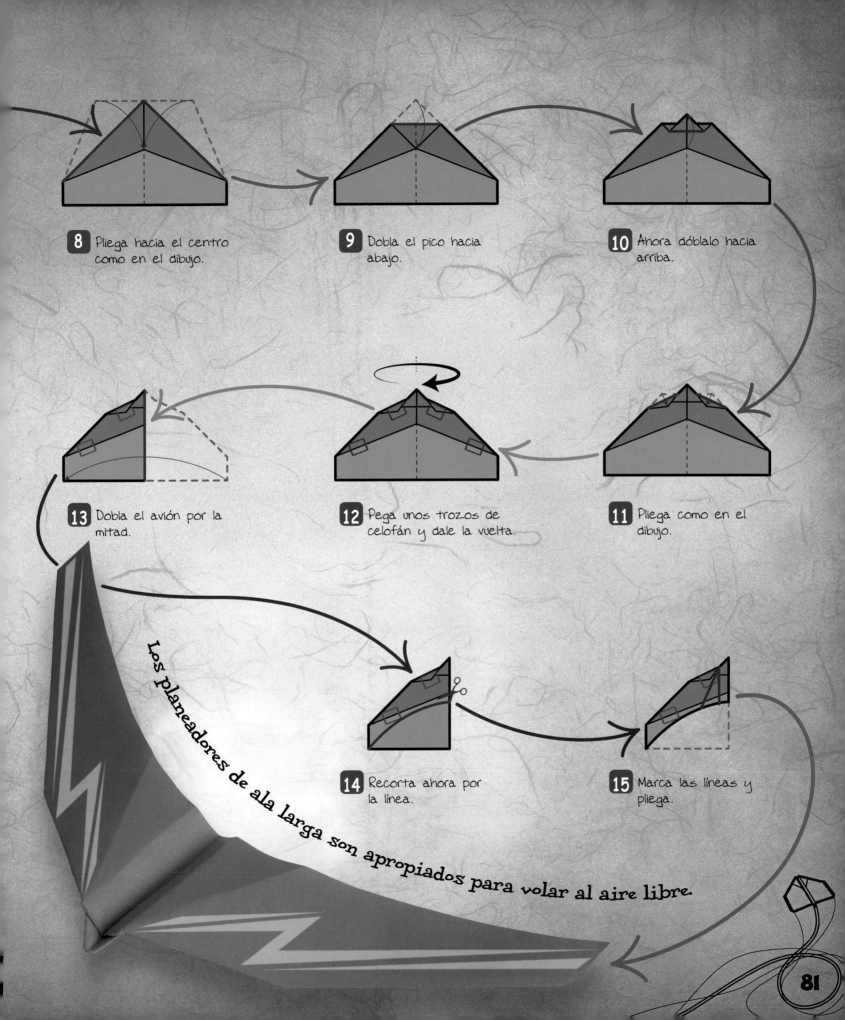

8 Pliega hacia el centro como en el dibujo.

9 Dobla el pico hacia abajo.

10 Ahora dóblalo hacia arriba.

13 Dobla el avión por la mitad.

12 Pega unos trozos de celofán y dale la vuelta.

11 Pliega como en el dibujo.

14 Recorta ahora por la línea.

15 Marca las líneas y pliega.

Los planeadores de ala larga son apropiados para volar al aire libre.

Beast

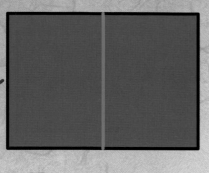

1 Dobla por la mitad y desdobla.

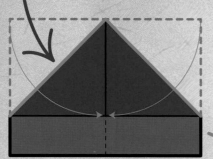

2 Pliega las esquinas hacia el centro.

6 Dobla el avión por la mitad.

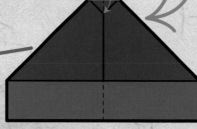

3 Dobla el pico hacia abajo.

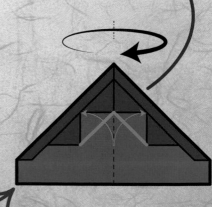

4 Dobla por las líneas hacia dentro.

5 Ahora dobla los picos hacia fuera.

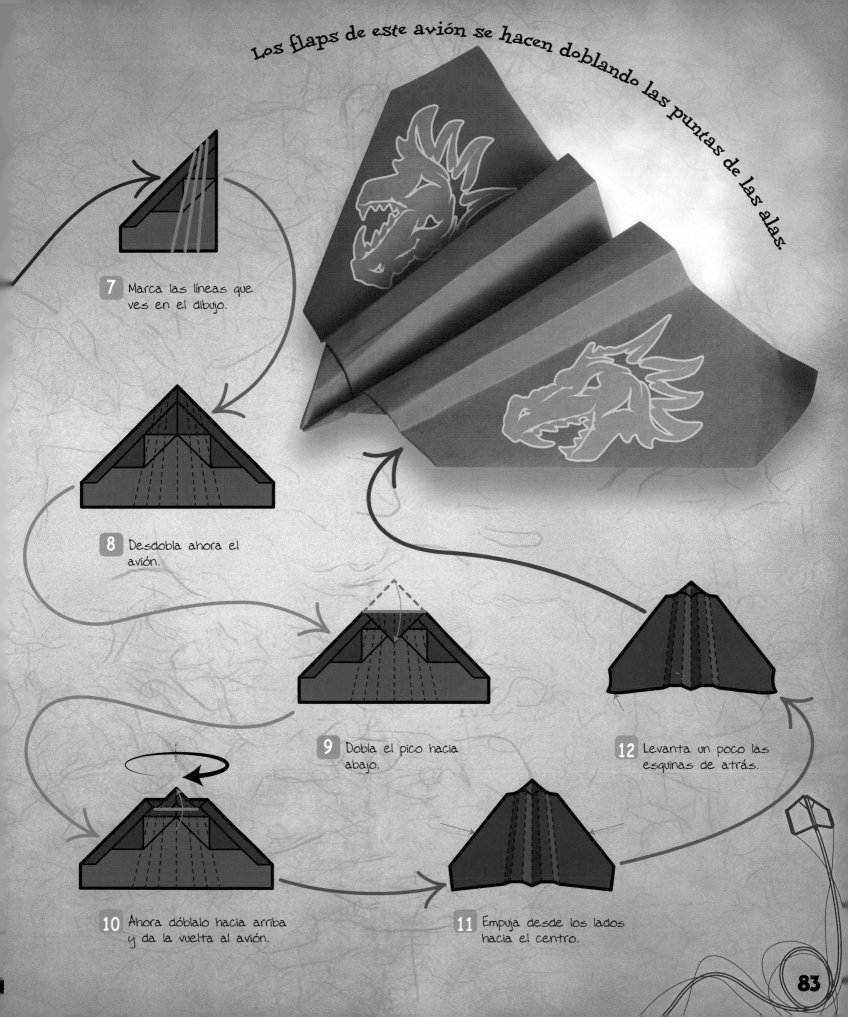

7 Marca las líneas que ves en el dibujo.

8 Desdobla ahora el avión.

9 Dobla el pico hacia abajo.

10 Ahora dóblalo hacia arriba y da la vuelta al avión.

11 Empuja desde los lados hacia el centro.

12 Levanta un poco las esquinas de atrás.

Hawk

1 Dobla por la mitad y desdobla.

2 Pliega las esquinas hacia el centro.

Especificaciones
Tipo: caza-interceptor.
Vuelo: medio.
Tiempo de vuelo: medio.

Necesitas
· Papel cuadrado.
· Pinturas de colores.
· Celofán.

3 Pliega hacia dentro como en el dibujo.

Recuerda: este diseño puedes dibujarlo tú o descargártelo en:
www.editorialsusaeta.com/pf

4 Ahora da la vuelta al papel.

5 Dobla el avión por la mitad.

BOEING

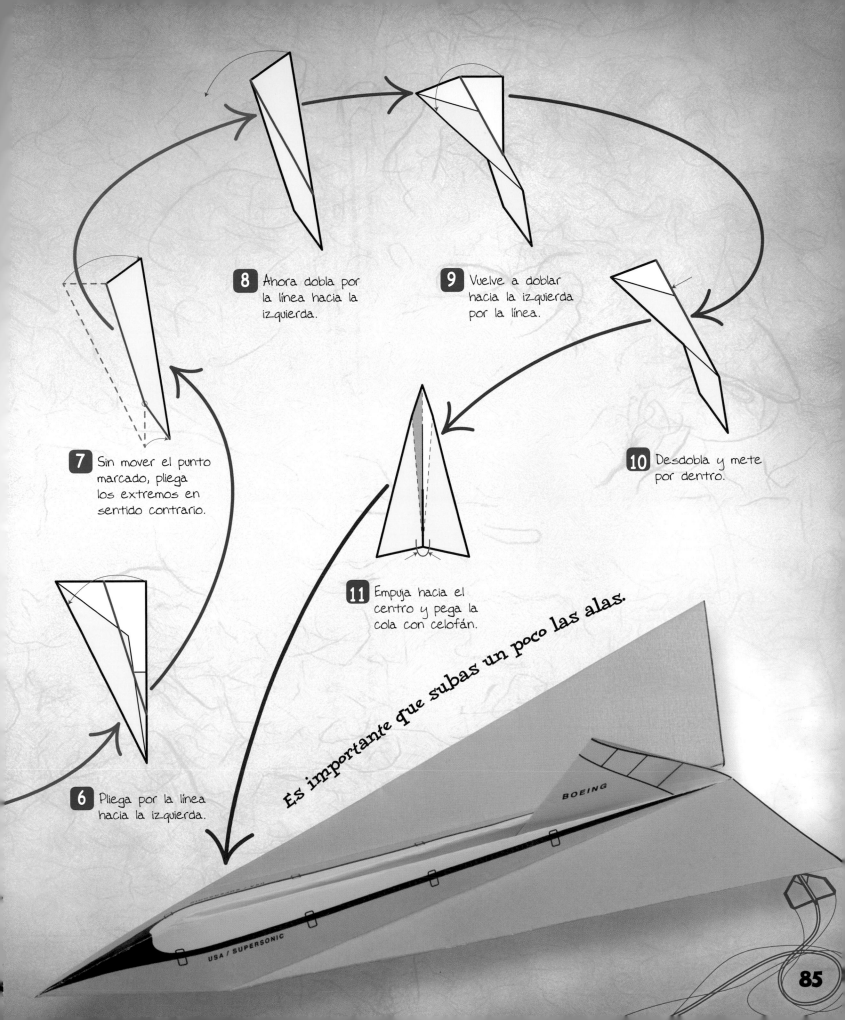

8 Ahora dobla por la línea hacia la izquierda.

9 Vuelve a doblar hacia la izquierda por la línea.

7 Sin mover el punto marcado, pliega los extremos en sentido contrario.

10 Desdobla y mete por dentro.

11 Empuja hacia el centro y pega la cola con celofán.

6 Pliega por la línea hacia la izquierda.

Es importante que subas un poco las alas.

BOEING

USA / SUPERSONIC

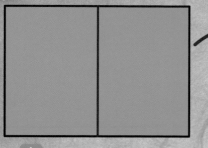

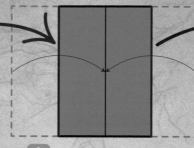

1 Dobla el papel por la mitad y desdobla.

2 Pliega los lados hacia el centro.

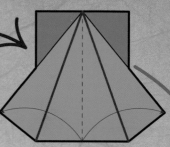

3 Pliega hacia fuera como en el dibujo.

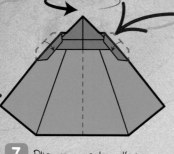

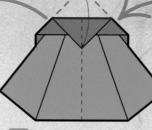

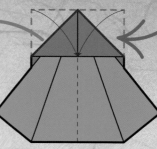

7 Pliega por las líneas y dale la vuelta.

6 Ahora dóblalo hacia arriba.

5 Dobla el pico para abajo.

4 Pliega las esquinas hacia dentro.

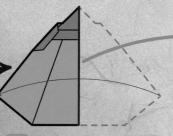

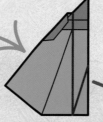

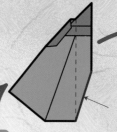

8 Dobla el avión por la mitad.

9 Marca las líneas que ves en el dibujo.

10 Ahora mete el pico hacia dentro.

Este modelo es un planeador de ala triangular.

Especificaciones

Tipo: planeador.
Vuelo: largo.
Tiempo de vuelo: largo.

Necesitas

· Papel Din A4.
· Pinturas de colores.

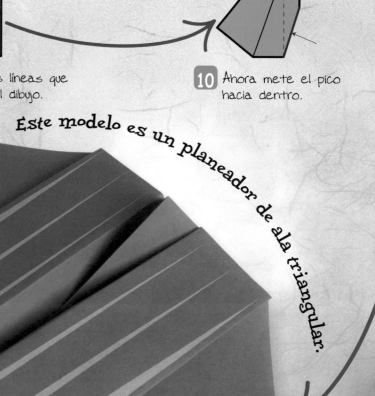

Especificaciones

Tipo: planeador.
Vuelo: largo.
Tiempo de vuelo: largo.

Necesitas

· Papel cuadrado.
· Pinturas de colores.
· Tijeras.

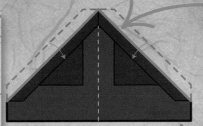

4 Pliega hacia dentro otra vez.

3 Dobla las esquinas hacia dentro.

5 Dobla el pico hacia abajo.

2 Pliega hacia abajo como en el dibujo.

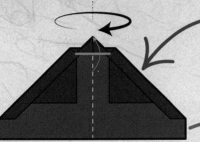

6 Ahora dobla hacia arriba y dale la vuelta.

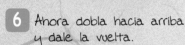

7 Dobla el avión por la mitad.

1 Dobla por la mitad y desdobla.

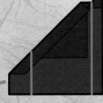

8 Marca las líneas que ves en el dibujo.

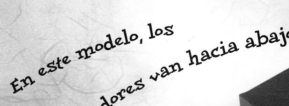

En este modelo, los estabilizadores van hacia abajo.

9 Recorta el avión por la línea.

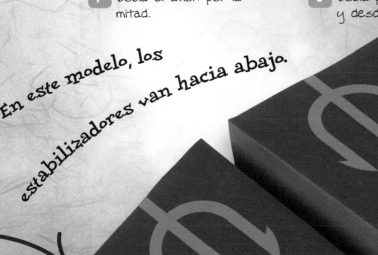

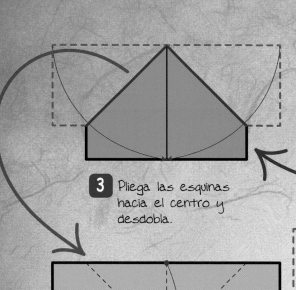

3 Pliega las esquinas hacia el centro y desdobla.

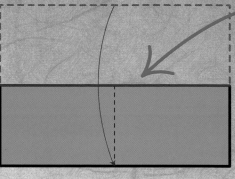

2 Dobla ahora hacia abajo el papel.

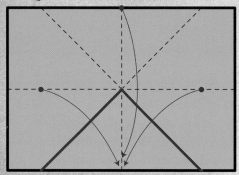

4 Lleva los puntos hasta donde te indica el dibujo.

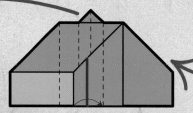

5 Dobla el pico hacia abajo.

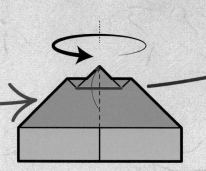

6 Ahora dobla hacia arriba y dale la vuelta.

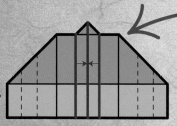

12 Repite los pasos 9 a 11 en el otro lado y lleva las líneas al centro.

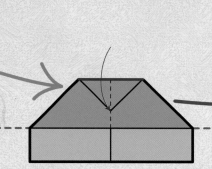

11 Pliega ahora hasta la marca.

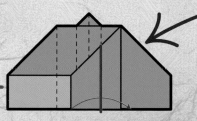

10 Pliega por la línea hacia la derecha y desdobla.

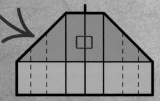

13 Pega un trozo de celofán en el centro.

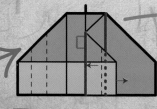

14 Pliega un ala como en el dibujo.

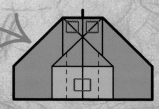

15 Haz lo mismo en la otra ala y pega celofán.

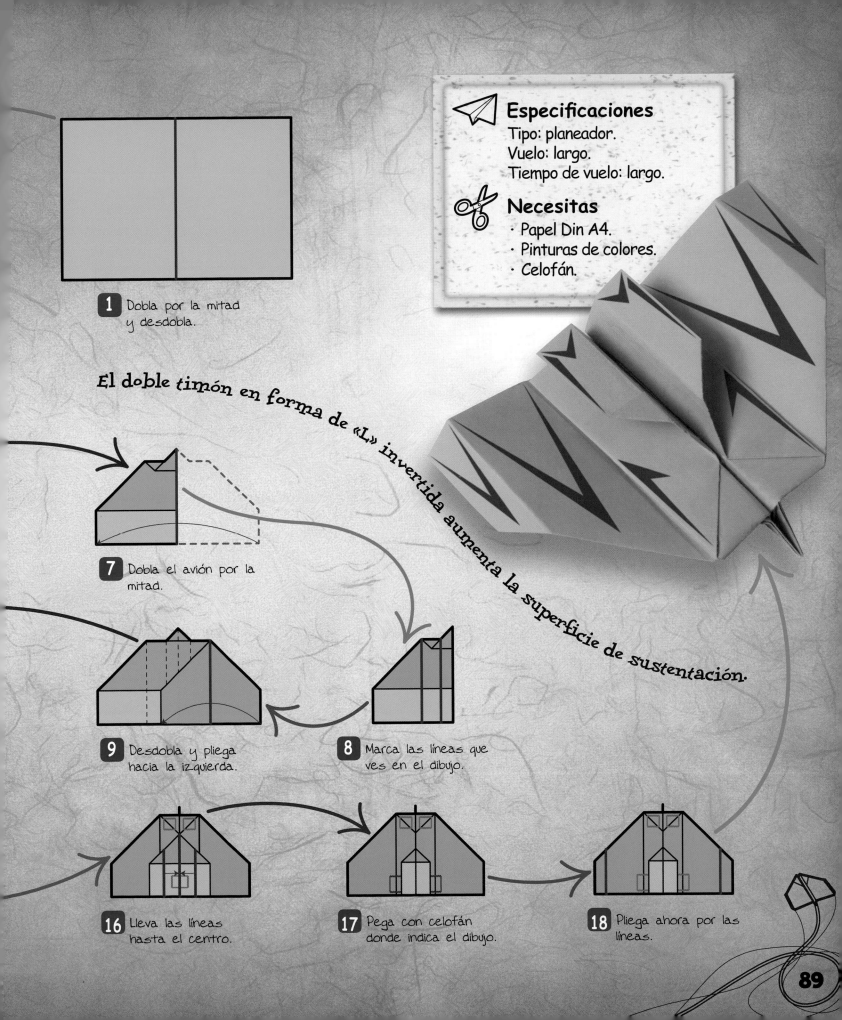

1 Dobla por la mitad y desdobla.

Especificaciones

Tipo: planeador.
Vuelo: largo.
Tiempo de vuelo: largo.

Necesitas

· Papel Din A4.
· Pinturas de colores.
· Celofán.

El doble timón en forma de «L» invertida aumenta la superficie de sustentación.

7 Dobla el avión por la mitad.

9 Desdobla y pliega hacia la izquierda.

8 Marca las líneas que ves en el dibujo.

16 Lleva las líneas hasta el centro.

17 Pega con celofán donde indica el dibujo.

18 Pliega ahora por las líneas.

Spike

1 Dobla por la mitad y desdobla.

2 Dobla ahora hacia abajo y desdobla.

3 Pliega hasta la marca y dale la vuelta.

6 Pliega las esquinas hacia el centro.

5 Desdobla y pliega hasta la marca.

4 Pliega las esquinas hacia el centro.

7 Dobla los lados como en el dibujo.

8 Ahora pliega hacia fuera y dale la vuelta

9 Marca las líneas que ves en el dibujo.

10 Dobla por la mitad mientras llevas el punto hasta abajo.

Especificaciones
Tipo: caza-planeador.
Vuelo: largo.
Tiempo de vuelo: medio.

Necesitas
· Papel cuadrado.
· Pinturas de colores.

Los pliegues de las alas proporcionan un vuelo más rápido.

11 Pliega el avión por la línea.

Gran Velero Albatros

Especificaciones

Tipo: planeador.
Vuelo: largo.
Tiempo de vuelo: largo.

Necesitas

· Papel Din A4 (2 hojas).
· Pinturas de colores.
· Tijeras.
· Celofán.
· Plastilina.

Continúa en la página 92

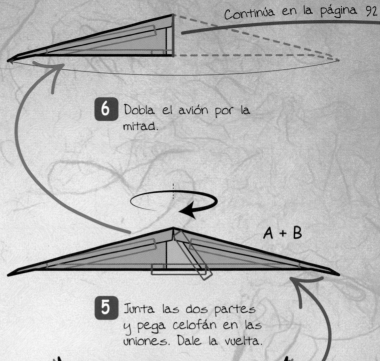

6 Dobla el avión por la mitad.

A + B

5 Junta las dos partes y pega celofán en las uniones. Dale la vuelta.

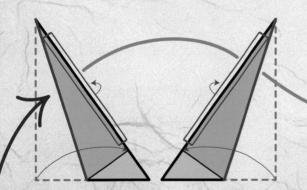

3 Pliega como en el dibujo y sujeta con celofán.

4 Pliega el borde hacia dentro y pega una tira de celofán.

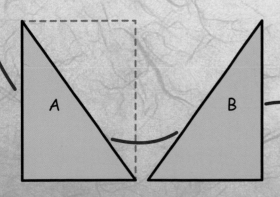

A   B

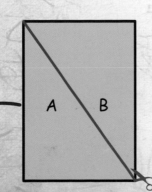

A   B

2 Coloca las dos partes enfrentadas.

1 Recorta por la línea.

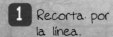

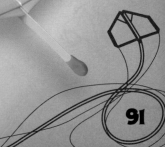

E

C   D

E

C   D

7 Recorta otra hoja como indica el dibujo.

8 Separa las tres partes.

D

12 Dobla por la línea hacia la derecha.

11 Pliega por la mitad uno de los lados.

10 Marca la pieza por el centro.

9 Dobla por la mitad la pieza «D».

C

13 Dobla ahora la pieza por la mitad.

14 Sujeta la pieza con celofán.

15 Dobla por la mitad la pieza «C».

16 Pliega por la mitad hacia abajo.

17 Dobla hacia abajo otra vez.

A + B + C + D + E

29 Haz una bolita de plastilina y pégala en el morro del avión.

28 Pega la pieza «E» sobre la parte delantera de las alas.

27 Dóblala ahora por las líneas como ves en el dibujo.

E

26 Dobla por la mitad la pieza «E».

19 Desdobla la pieza recortada.

A + B + C + D

25 Dobla hacia los lados y pega. Haz dos cortes en la cola.

24 Ahora únelo con las piezas «A» y «B», y levanta las puntas de atrás.

20 Lleva las líneas hasta el centro.

21 Pega celofán en la base.

D + C

18 Ahora recorta por la línea.

22 Ahueca con el dedo la parte del centro.

23 Mete la pieza «D» en la «C» y pega.

93

Cómo hacer
AVIONES DE PAPEL

Existen muchos tipos de aviones con los que podrás jugar y divertirte, pero todos ellos se pueden clasificar básicamente en cuatro grupos principales.

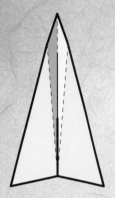

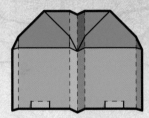

Cazas

Este tipo de aviones tiene un vuelo muy lineal. Alcanzan grandes distancias rápidamente. El tiempo que aguantan en el aire depende de la fuerza y de la altura desde la que se lancen.

Planeadores

Con alas más grandes y planas, estos aviones tienen un vuelo suave y lento. Se mantienen en el aire durante mucho tiempo y no es necesario lanzarlos con fuerza.

Interceptores

Pequeños y compactos, son rápidos y de vuelo muy corto. Resultan ideales para jugar en casa y competir por alcanzar al oponente o por ser el último en caer.

Acrobáticos

Son como los planeadores, pero a diferencia de éstos emplean los flaps, timones y estabilizadores para realizar giros y loopings. Hay que lanzarlos con fuerza para que realicen sus acrobacias.

Partes de un avión

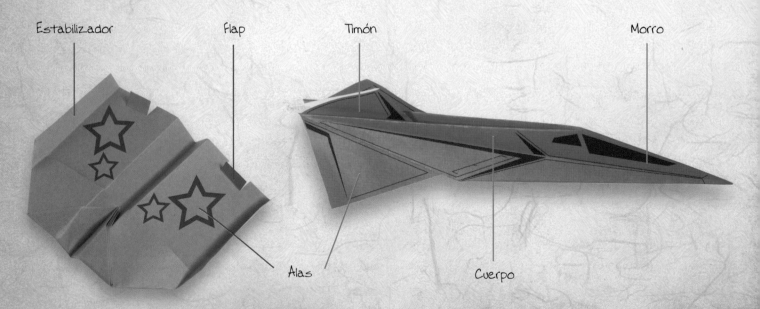

Estabilizador

Flap

Timón

Morro

Alas

Cuerpo